U0531658

投资人 33 种 顶级思维方式

苟旭杰 ○ 著

中国商业出版社

图书在版编目（CIP）数据

投资人 33 种顶级思维方式 / 苟旭杰著. -- 北京：中国商业出版社，2024. 8. -- ISBN 978-7-5208-2984-7

Ⅰ. F830.59

中国国家版本馆 CIP 数据核字第 2024DP9824 号

责任编辑：杨善红

策划编辑：刘万庆

中国商业出版社出版发行

（www.zgsycb.com 100053 北京广安门内报国寺 1 号）

总编室：010-63180647　编辑室：010-83118925

发行部：010-83120835/8286

新华书店经销

香河县宏润印刷有限公司印刷

*

710 毫米 ×1000 毫米　16 开　13 印张　130 千字

2024 年 8 月第 1 版　2024 年 8 月第 1 次印刷

定价：68.00 元

****

（如有印装质量问题可更换）

前 言

你的思维方式决定你的人生高度

有人曾经问我:"人生中最重要的思维是什么?"

我回答:"投资思维。"

我认为,投资思维不仅是一种思维方式,更是一种利用资源的方法和策略。

人的思维方式决定着事物的成败!

思维是全面考量和处理事务的核心,将"思维"二字拆解开来,"思"的意思是"思想、思考";"维"是事物的形态等因素。思维,是衡量一个人智慧或智商高低的依据;思维方式决定着事物的理念核心。

现实中,每个人的思维都不同,多数人只是业务负责人或执行层员工,做事情受到框架的约束,只能去干具体业务,只能具备操盘手思维。只有少数人拥有老板思维,懂得整合资源,不会去做枯燥的工作,知道什么该干什么不该干。他们会将专业的事情交给专业的人去干,自己不会碰太多的事情;多数时间在思考、确定公司的战略和方向,闲时喝喝茶看看书……公司发展到一定阶段,他们就会变得越来越有钱,为了不让他们的财富贬值,他们就会研究投资,想办法让手里的钱保值、增值。

投资人的思维，才是顶级的致富思维！这时候，他们不会去研究太具体的业务，而是只关注资金的投资回报率和周转率，说白了就是研究钱生钱，如何让手里的钱变得越来越多。

"不谋万世者，不足以谋一时；不谋全局者，不足以谋一域。"有朋友投放创业粉，用很低的成本去投放，投资回报率能翻十番，但数量不容易拉起来，创造的利润容易被限。有些人比较聪明，愿意承受更高的成本，进行疯狂的投放，虽然投资回报率只有两倍，但可以拉很大的量。最后的结果，就是承担成本更高的人，能轻松赚到千万元级财富。

从投资角度看，这就是资金周转率。投放起不来量，资金的周转速度就会被局限；后者却能无限拉量，虽然回报低一些，但资金周转得快，能疯狂地让钱生钱。

我发现很多人不懂这个思维，还局限在自己的圈子中，为赚了点小钱而沾沾自喜。站在更高维度看问题，就能更全面地看清问题。从不同维度看待同一个问题，就能从不同层面看待同一个维度，长此以往，就能形成更高维度的思维模式和大局观意识。

任何事情上升到足够的思维高度，似乎都有其存在的理由，会给人一种等于什么都没说的感觉。但理解的人终会明白，既能躬身入局，又可统揽全局，是一种不断提升格局和高度的方式，不仅可以拓宽人的视野，还能开阔人的胸襟。

投资人的核心工作，就是寻找优质资产，尤其是被低估的优质资产。学习投资人思维，就能将自己变成一项优质资产，让自己具备稀缺性和高价值，帮自己脱离人生困境。

人与人的差别到底在哪儿？本质就在于思维方式的不同。行为是外在表现，思维是真正的内核；外部的行为是可观察的，内部运作的思维模式却不容易被察觉到。思维方式的强大之处就在于，它可能会在你没有意识到的情况下，操纵你的行为，把你领上完全不同的人生道路。

心理学家卡罗尔·德韦克在《终身成长》中说："决定人与人之间差异的，不是天赋，而是思维方式。"个人的思维方式，决定了他的人生高度。想想看，你的思维方式是你最大的障碍，还是你最强大的武器？在本书中，我要和你分享 33 个非常有用的投资人思维方式，帮助你认识自己的思维层次，找到自己的问题所在，提升自己的思维能力。厘清了这 33 个思维，就能在思维上打通，做好投资，在纷扰躁动的市场中取得满意的回报。

目 录

第一章　投资人的底层思维逻辑

思维 1.　从自己出发——根据自己的需求，找到适合自己的路径 / 2

思维 2.　承认自己不懂——承认自己的不足，才能离真相越来越近 / 7

思维 3.　投资智慧——打破学科界限，构建多元智慧 / 11

思维 4.　终身学习——不断地追求知识和进步 / 15

思维 5.　聚焦优势——聚焦在自己的能力圈内 / 20

第二章　投资人常用的思维方式

思维 6.　概率思维——站在同件事发生多次的角度去考虑问题 / 28

思维 7.　正向思维——通过已知来揭示事物本质的思维方法 / 33

思维 8.　反向思维——反过来思考似已成定论的事物或观点 / 39

思维 9.　倒推思维——先确定目标，后反向推导，找到实现目标的步骤和关键要素 / 48

思维 10.　均衡思维——系统认识对象的结构和功能 / 51

思维 11.　本质思维——多问几个问题后，直指问题的本质 / 54

第三章　优秀投资人的思维方式

思维 12. 长期价值投资——真正的价值投资是基于长期视角的 / 60

思维 13. 深度研究——成功的投资需要对行业和企业有深入的理解 / 65

思维 14. 思维开放——成功的投资往往是多方共赢的结果 / 73

思维 15. 风险管理——投资决策中要充分考虑风险因素 / 78

思维 16. 开阔视野——从更广阔的角度看待投资机会 / 85

思维 17. 拥抱变革——保持敏锐的洞察力，勇于接受和拥抱变革 / 87

第四章　成为投资高手需要具备的思维

思维 18. 概率思维——优秀投资人的眼中都有个数学的世界 / 94

思维 19. 非线性思维——这是一种系统性、模糊性、非逻辑性的思维方式 / 97

思维 20. 延迟享受思维——为了长远结果，放弃即时满足 / 100

思维 21. 复利思维——把有限的精力和财富持续投入某一领域 / 105

思维 22. "10+10+10" 旁观思维模型——犹豫时，想一下 "10 分钟后你会怎么看待自己现在的决策？" / 111

思维 23. 黄金圈思维——从 Why 出发，思考 How，得到 What / 114

思维 24. 笛卡儿思维模型——批判性思维，大胆质疑一切 / 120

第五章　卓越投资思维的关键理念

思维 25. 先为不败——要想获得胜利，须先学会如何避免失败 / 126

思维 26. 守正第一——保持一颗平静的心，才是制胜的秘诀 / 131

思维 27. 修心为上——全身心投入一个事物 / 136

思维 28. 以人为本——找到正确的人远比找到正确的商业模式更重要 / 140

思维 29. 创新驱动——高度重视创新 / 144

思维 30. 坚定信仰——成功的事情简单重复去做，是投资人追求的最高

境界 / 147

第六章 打通三种思维，才不会患得患失

思维 31. 现金思维——尽可能地将自己的现金资产转换为优质股权资产 / 154

思维 32. 股价思维——不要让自己的情绪天天跟着股价走 / 159

思维 33. 股权思维——买股票就是买公司 / 162

附录 普通人和投资大师的思维有什么不同

查理·芒格的"多元思维模型"：不要成为一个工具锤 / 168

稻盛和夫的成功公式：成功 = 思维方式 × 热情 × 能力 / 175

霍华德·马克斯的"投资第二层次思维"：卓越的思维是深邃的、

迂回的 / 179

卡罗尔·德韦克的"成长型思维、固定型思维"：不抛弃、不放弃 / 183

罗伯特·迪尔茨的"逻辑思维六层次"：由内向外的改变带来成长 / 188

后 记 / 194

第一章
投资人的底层思维逻辑

思维1. 从自己出发
——根据自己的需求，找到适合自己的路径

做投资，最重要的就是根据自己的需求，找到适合自己的路径。

很多人做投资时，往往只关注外界，总盯着别人怎么做，很少关注自己，这是非常不合理的。因为每个人的背景不同、能力不同、追求的目标不同，采用的操作方法自然也就不同。成功的投资人，定然采用了正确的操作方法，但也只适合他自己的情况，你最多只是借鉴，不能完全复制，因为你各方面的条件和他的条件并不同。

这些年，顺丰创始人王卫的个人财富飙涨，但他个人和顺丰这家物流巨头的LP（有限合伙人）版图却一直鲜为人知。其实，顺丰从2013年就开始投资VC/PE，不仅与"三通一达"合伙入股蜂网投资，还先后两次投资钟鼎资本，并且还是中信资本和拾玉资本等的背后LP。更加传奇的是，王卫还是拼多多的天使投资人之一。

在拼多多融资的过程中，王卫的身影也出现过。2016年，拼多多刚成立不久，顺丰已是物流行业巨头。王卫不想只做快递，想要拿下电商，之后跟拼多多创始人黄峥进行了交谈，结果被泼了一盆冷水："你们做电商

肯定做不成，你见过哪家快递公司做电商做成的？"黄峥的这一番话，让王卫动摇了顺丰做电商的念头，转身做了拼多多的天使投资人。

在投资的道路上，最不能轻视和纵容的莫过于无主见随波逐流，即"别人买啥我买啥""哪个专家学者说好我就买"，这都是盲目跟风行为，虽然不用为选择投资产品大伤脑筋，却要为潜在的风险买单。因此，做投资决不能随大溜而应该根据自己的风险承受能力来选择产品，因为别人能承受高风险，你却未必能。

越是在市场大幅波动的情况下，投资越要理性，要保持自己的判断力，善于挖掘不同于市场噪声的声音和消息。投资时，既不要刚愎自用，也不要盲目跟风，而是应该有自己的判断，三思而后行。具体要注意以下两点。

1. 选择适合自己的投资

每个人的经验都不同，不同的市场环境下，投资指标会有不同的变化；在不同的环境中，人也会受到影响。所以，我们需要综合考虑自己的性格、资金、收入、投资目标、市场环境、投资时间等，量化出适合自己的维度。

（1）性格。如果你的性格很急，就不适合做投资；如果你的性格比较优柔寡断、多愁善感，那么可能更适合稳健的投资项目，跌宕起伏的投资项目就不适合你。

（2）资金和收入。投资金额占你净资产（总资产减去总负债）的百分比直接决定着你投资效益的好坏。

（3）投资目标。如果想改善生活，就以固定收入的绩优股投资为主；如果是业余爱好，就可以投机或投资成长型的股票，以获得更高的收益。

（4）用来投资的时机时间。如果你平常很忙，获得信息的渠道有限，就不要做短线，否则就是给主力送钱，极其不理智，应该以绩优成长型股票为主。

（5）风险承受能力。既然要做投资，就要了解自己对风险的承受程度。如果担不起太大的风险，就要选择较为保守的投资方式，比如定期存款、债券等；如果风险承受能力比较强，则可以考虑股票、基金等。

（6）投资目标。明确投资目标是长期财富增长，还是短期收益，不同的投资方式，在时间和收益等方面都不相同。

（7）知识和经验。投资前，要考虑自己对投资领域的了解程度。如果对某个领域比较熟悉，可以选择相关的投资方式；如果想投资某个不太熟悉的领域，则可以进行学习或咨询专业人士。

（8）财务状况。在正式投资之前，要评估自己的财务状况，包括收入、支出、负债等，确保投资不会对自己的生活造成太大的影响。

（9）投资期限。这是指投资时间跨度。长期投资可以承受一定的市场波动，而短期投资则可能需要更关注流动性。

（10）多样化。不要把所有的鸡蛋都放在一个篮子里，要分散开来，降低风险并平衡收益。

（11）咨询专业人士。如果对投资不确定，可以向金融顾问或专业投资人士咨询，获取他们的建议和意见。

当然，最重要的是，要根据自己的情况进行综合考虑，并在投资过程中保持冷静和理性。比如，自己对哪个领域比较感兴趣？是股票、基金，还是其他？

2. 找到适合自己的投资节奏

远离市场的喧嚣，构建自己的投资体系，通过资产配置，克服自身的情绪冲动，渐渐找到适合自己的投资节奏。

（1）设定目标。要明确自己的投资目标是为了资产增值、子女教育，还是自身养老等。确立目标，有助于选择合适的投资工具和时间框架。

（2）了解自己的风险偏好。不要想当然地认为自己是激进型的投资人，如此一旦自己配置的资产财富贬值，心态就会面临全面崩溃。比如，遭遇股市大跌，即使账户只是浮亏，晚上也无法安然入睡，这类人多半都是风险厌恶型投资人，不适合投资高风险资产。相反，如果能够欣然接受"承担高风险、博取高回报"这个理念，面对下跌时心态不会过于起伏，就可以适当配置高风险资产。因此，了解自己的风险偏好非常重要。

（3）评估自己的投资知识和经验。我们根本就不可能赚到自己认知之外的钱，因此既然要做投资，就要知道自己"几斤几两"。对于自己不了解的产品，不要盲目跟风，要先通过学习来提升认知，再在专业投资顾问、投资机构的指导下进行小幅尝试，直至彻底熟悉新领域、新产品后再大规模操作。

（4）树立健康的财富观。没有健康的财富观，面对市场波动，得失心就会很重。拥有健康财富观的投资人，会摆脱一夜暴富的幻想，他们不会将所有财富都配置到单一资产中，然后再妄图通过加杠杆的方式一次性实现财富自由；相反，他们会构建控制风险、分散配置的正确投资观念，接受任何投资都有可能承受波动和损失的现实，而后在投资中找到自己的节奏，按照自己的投资计划一步步实现获利。

（5）拥有广阔的投资视野。个人的投资视野很重要！如果我们没有见过世界的广大，不知道市场上乃至全球都有哪些好的投资机会，哪些行情已经进入尾声，那么就很容易陷入狭隘之中。

人生不仅需要见天地，更需要看见自己。投资，要有"既要是局中人，也要是局外人"的心境。远离市场喧嚣，摒弃情绪化的思维，深入投资本质，就能逐渐找到自己的投资节奏，从而让自己在投资中变得从容。

世界上根本就没有最好的投资方法，只有适合自己的投资方法。因此，正确认知自己，根据自己的风险偏好、财富量级，选择适合自己的资产配置方式，才是正确的做法。可供我们投资的产品很多，投资的渠道也很广，因此在决定投资时，一定要选择适合自己的投资产品和方式，不要抱有赌徒思想，要永远记住：投资是为了让我们的生活更美好，而不是要去颠覆现在的生活！所以，只做适合自己的投资，才是最好的投资！

思维2. 承认自己不懂
——承认自己的不足，才能离真相越来越近

对于投资来说，真正危险的事情就是不懂装懂。投资不是跟风，而是要了解自己的风险承受能力、自己的长期目标和自己的投资策略。只有这样，才能在市场的起伏中稳住心态，作出明智的选择。

巴菲特认为，投资第一重要的原则是能力圈原则："投资人真正需要具备的是正确评估所选择企业的能力。请特别注意'所选择'这个词，你并不需要成为一个通晓每一家或者许多家公司的专家。你只需要能够评估在你能力圈范围之内的几家公司就足够了。能力圈范围的大小并不重要，清楚自己的能力圈边界才是至关重要的。"

简单地说，巴菲特所说的能力圈原则就是中国老百姓常说的一句话：人贵有自知之明。做你力所能及的事，做你擅长的事，做你熟悉了解的事，成功的概率更大。如果你在某个领域很专业、很擅长，自然可以为了高收益去冒险。但对于普通人来说，被高收益高回报诱惑而贸然进入，多半只能任人宰割。因此，做投资，不懂是可以的，最危险的是自己不懂还想玩投资。

现实中存在的公司囊括了社会上的各个行业，有些甚至还是各个行业的顶级公司。行业、企业、经济形势和国际局势都在动态发展，在投资这个领域，很多知识我们都不懂，但从人性的角度来看，很多人却喜欢不懂装懂。原因何在？这里有一个底层思想，即自己不懂装懂，什么事情都想表个态，其实是为了竞争话语权。

举个例子，两个人面对同一件事情，如果我没有给出一个说法，你随便给了一个说法，即使你说得不对，但你在这件事情上表态了，而我没表态，你的话语权就比我大。

人力终究是有限的，每个投资人都会遇到一些无法解决或者过于困难的问题，而不做难题，反而能够取得更好的结果。保持客观和清醒的自我认知，在投资中是一个非常重要的因素。

1.有自知之明的投资人是怎样的

很多人认为投资很简单，就是低买高卖，一进一出。但看似简单的事其实并不简单。在投资市场上，多数人能赚到钱，而不赚钱的那部分人，大多没有自知之明。那么，有自知之明的投资人究竟是怎样的？

（1）明白自己的能力边界。很多人炒了二三十年股，觉得自己炒股水平可以，但事实上，炒股水平的高低绝不是以时间长短来判定的，因为证券市场有专业人员和非专业人员之分。那些有工作、将炒股当成副业的人，即使炒股时间很长，其炒股水平也不可能超越专业人员。比如，投资人的任职条件，不仅要求是金融类专业的硕士、博士，从学校毕业后还要经过专业的训练，这种训练淘汰率也很高。而一旦当上了投资人，背后还需要一支强大的研究员队伍，帮其收集分析上市公司资料以及各行各业的背景、走势。此外，投资人管理的资金较多，一般具有资金优势，在这些优势的加持下，普通投资人怎能与之竞争？而且，任何一个行业、任何一个领域，非专业队员多半都竞争不过专业队员。所以，我们做投资，首先要明白自己的能力边界，知道自己是非专业队员，有资金、信息、专业知识等劣势，从而明白自己应该如何做。

（2）明白自己能做什么、不能做什么。投资人只有充分认识到自己能力的不足，才能果断地退出自己不擅长的领域，将资金交给专业人员来打理。比如，买股票并不是看你投资有二三十年的经历，而是看你在这段时间内赚了多少钱。许多人觉得自己虽然没赚钱，但只要学到了经验，就能开始赚钱了。其实，投资市场千变万化，即使你觉得自己掌握了成功投资的方法，可是在所投领域摸爬滚打时，竞争对手又会变换手法，让你继续亏钱。这时候，就会出现一种假象：你觉得自己马上就要赚钱了，却还是赚不到钱，让你觉得弃之可惜，继续做又徒增烦恼。其实，投资时只要明白一件事就行，即你觉得自己是专业队员还是非专业队员。如果觉得自己是非专业队员，就果断退出现在的所投项目，另找别的投资渠道。

（3）明白自己怎样才能做好。确定了自己要投资的行业后，还要优中选优，因为任何一个行业或领域都是"九死一生"，即成功者不超过10%。

总之，投资人只有充分认识自己，明白自己能力的不足，才能制定正确的投资策略，获得理想的投资收益。

2.投资人要有自知之明

投资人如何才能做到有自知之明呢？

（1）以企业家的视角评估投资。投资人要具备深厚的商业洞察力和判断力，从企业家的视角出发，分析企业的基本面和未来发展潜力。选择项目时，要关注对方企业的经营状况、财务状况、行业地位、竞争优势以及管理层的能力和诚信度；了解企业的内在价值，发现被低估的股票，并在市场价格低于内在价值时买入，保持冷静和理性。要具备独立思考和判断的能力，具备去伪存真的能力，不被表面的信息和趋势迷惑。要深入研究企业的基本面，了解其竞争优势和未来发展潜力，不为市场的短期波动所左右。要准确判断企业的内在价值，从而作出明智的投资决策。

（2）耐心等待合适的时机。市场波动是常态，而股票价格往往会受到市场情绪、宏观经济环境、行业周期等多种因素的影响。因此，投资人不要盲目追涨杀跌，要耐心等待市场出现过度悲观或过度乐观的情绪。要相信，价格低于价值时才是买入的良机，价格高于价值时则是卖出的时刻。这种耐心等待，有助于降低交易成本，提高投资回报率。投资人不仅要极具耐心和自律精神，在市场波动和不确定性面前，还要保持冷静和理性，不为市场的短期波动所影响。要学会控制自己的情绪，不被市场的噪声迷惑。耐心等待，才能抓住市场出现的机会，实现投资回报的最大化。

（3）坚守自己的能力圈。每个投资人都有自己的认知和能力限制，不可能对所有行业和公司都了解得十分透彻。因此，投资人要会划定自己的能力圈，只投资自己熟悉的行业和公司，以便减少投资风险，提高决策质量。在自己的能力范围内投资，投资人要不断学习和积累行业知识，提高自己的认知水平。要深入研究少数几家公司或行业，建立起有效的能力圈，作出更加明智的投资决策。要清晰地认识到自己的认知和能力限制，不盲目扩大能力圈。要不断学习和积累行业知识，提高自己的认知水平。

思维3. 投资智慧
——打破学科界限，构建多元智慧

虽然投资是增加财富的有力工具，却伴随着一定的风险。可多元化管理这些风险，将投资分散到不同的资产类别、行业和地理区域，以降低投资风险，提高收益的稳定性，并实现资产的长期增值。

智慧的投资人往往会无视不同行业、不同学科之间的界限，没有任何教条；他们思考问题时，从来不会受到任何条条框框的束缚。如果你的目标是降低风险，就可以选择多元化投资；但如果你想对自己的投资项目有深入的了解，就能掌握投资的机会、行业情况、战略和操作策略。

沈南鹏是红杉资本中国基金创始人、执行合伙人，身价260亿元。他非常擅长投资，其投资几乎占据中国互联网的半壁江山，包括阿里、京东、美团、360、今日头条和滴滴出行等，他被称为"创业者背后的创业者"。

2008年奥运会，沈南鹏和周鸿祎坐在水立方看跳水比赛，周鸿祎突然有了一个大胆的决定，即做免费杀毒软件。得知他的想法，沈南鹏有些吃惊。因为在他看来，杀毒软件的收入目前还不错，未来如果增长到2个亿，就能实现上市。不过，沈南鹏却没有直接否定周鸿祎的想法，而是进一步听取了他的理由。

当周鸿祎讲道，杀毒软件在未来终究会被摧毁，实现免费，沈南鹏虽然还有所担忧，但还是听取了他的意见。就这样，360宣布杀毒软件进入新时代——免费。也正是这一模式，让360打败了具有10年以上经验的行业巨人，用1年时间就实现了反超。

沈南鹏的多元化思维，不仅成就了360，也成就了自己。他坚信，大家都看好的商业模式，很难赚到钱，那些让人觉得匪夷所思的想法，却更容易成功。

对此，投资人张磊也有相同的感受，他曾提到过一个词，叫"傻瓜窗口"，就是在商业模式刚提出或刚刚推广时，大家觉得非常不靠谱、非常傻，其实这个时间段恰恰是一个窗口期。在别人看不懂、觉得你不靠谱的时候，你完全可以积累用户和试错，并设置一定的竞争壁垒。这段时间就叫"傻瓜窗口"。

沈南鹏投资拼多多，也利用了这个原理。拼多多从创立到上市，都饱受争议，却丝毫不影响其发展壮大。沈南鹏带领红杉资本，对拼多多先后两次领投，并参与IPO认购，看中的就是其独特的商业模式。

想做好投资，就必须以长远的眼光来看企业，而要想练就这种眼光靠的就是多元化的思维。有格局、有智慧的人，在思考问题的时候，不会把自己限定在单一维度内，会懂得变换思维方式来看待问题。

搭建多元化的思维，解决问题的方法不再唯一。这个世界并不是按照分学科的方法组织起来的，现实世界的问题绝不会恰好落在某个学科的界限之内，几乎任何现实问题都跨越了学科界限。不断地将注意力集中在单一学科，不管这个学科多么有趣和前沿，都会把人的思想禁锢在一个狭窄的领域；如果个人的全部信息都局限于狭窄的工作领域，工作绝不会做得很好。

不同的资产，会对市场状况、经济事件和地缘政治因素作出不同的反应。因此，当一种资产类别表现不佳时，另一种资产类别可能会表现出色，从而抵销损失。

1.多元化投资的益处

多元化投资是指将资金分配到不同的投资品种和领域，降低单一投资的风险。其优势主要表现在以下方面。

（1）降低风险。将资金分散到不同的投资品种和领域，可以降低投资风险，避免因某一特定领域或投资品种的不利变化而造成重大损失。

（2）提高收益稳定性。通过多元化投资，可以平衡不同投资品种之间的收益波动,降低收益的波动性,提高收益的稳定性。

(3)资产长期增值。通过多元化投资,可以分散资产增长的风险,提高资产长期增值的概率。

2. 多元化投资的实践建议

投资人进行多元化投资,可以选择的投资项目有以下品种。

(1)股票投资。股票是一种有潜力的投资品种,购买不同行业、不同市场、不同公司的股票,可以降低单一股票的风险。不过,在选择股票时,要关注公司的基本面、市场前景和行业竞争情况等因素。

(2)债券投资。债券是一种相对稳定的投资品种,购买不同期限、不同信用等级的债券,可以平衡收益波动并降低风险。不过,在选择债券时,要关注债券的信用等级、期限和利率等因素。

(3)基金投资。基金是一种由专业投资机构管理的投资品种,购买不同类型的基金,可以享受专业的投资管理和多样化的投资组合。不过,在选择基金时,要关注基金的投资策略、历史业绩和投资人等因素。

(4)其他投资品种。除了股票、债券和基金等传统投资品种,还有其他具有潜力的投资品种,如房地产、黄金、艺术品等。这些投资品种具有不同的特点和风险收益特征,应根据家庭实际情况进行选择。

3. 多元化投资的注意事项

投资人进行多元化投资时,需要注意以下问题。

(1)理性投资,避免盲目跟风。在多元化投资过程中,要保持理性,避免盲目跟风或冲动投资。要根据自身的风险承受能力、投资目标和资产状况等因素,合理配置资产。

(2)定期评估投资组合的表现。需要定期对多元化投资组合的表现进行评估和调整,要根据市场变化和家庭需求及时调整投资策略,确保资产配置的合理性和有效性。

(3)做好风险管理,控制杠杆风险。在多元化投资过程中,要注意风险管理,控制杠杆风险;要合理评估自身的风险承受能力,避免过度使用杠杆或进行高风险的投资。

思维4. 终身学习
——不断地追求知识和进步

投资市场是不断变化的,新的趋势和机会不断出现。只有不断学习和进步,才能适应不断变化的世界。

投资的目标就是赚钱,我们不是来做消费者的,而是来获取投资收益的。要想在市场获取投资收益,核心技能是预测,既包括预测未来经济的发展趋势,也包括预测未来企业盈利收入的变化情况,而预测的核心就是要具有前瞻性,就是能够判断未来经济朝哪个方向发展。

如何判断未来世界发展的趋势是一个重大的课题。作为投资人,必须对这个大方向作出正确的判断，否则就不可能知道投资什么行业、投资哪些企业。而想要判断未来世界的发展趋势，就要有最新的知识来作储备，一直守着50年前的知识，是不可能作出正确预测的。

时代在进步，科技在发展，如果知识不更新，如何走在时代最前沿？只有不断地更新自己的知识体系，不断地加深自己对世界的认知，才能对最新的企业和商业模式作出判断，才能选择到优质的投资项目。

巴菲特为什么能够投资成功？最重要的一点就是读书多。关于巴菲特读书多这一点，他的合伙人查理·芒格曾经评价过："我这辈子遇到的来自各行各业的聪明人，没有一个不每天阅读的——没有，一个都没有。而沃伦读书之多，可能会让你感到吃惊，他是一本长了两条腿的书。"如果没有这么多的阅读作保障，没有这么多的知识储备，巴菲特如何能够做到前瞻性判断的，如何知道应该投资哪个方向？

就是靠着对阅读和学习的坚持，巴菲特即使在84岁的高龄，还掌管着全世界最大的投资公司，保持着敏锐的大脑和思维，以及对工作和生活的热爱。这也是每个投资人必须去做的事情。

在这个日新月异、信息爆炸的时代，我们所掌握的知识和技能，可能不足以应对明天的挑战和机遇，只有不断地更新自我，接受新教育，掌握新技能和新能力，才能适应不断变化的市场环境。如果不学习，你的投资肯定也不会好到哪里去。

1. 盲目投资容易引发"羊群效应"

随着我国投资市场的发展和投资体系的完善，人们的风险意识有了较大的提高，多数投资人已经开始重视学习，仅有小部分投资人在入市时存在着盲目性，由于识别风险信息的能力有限，在具体操作时的盲目现象仍较为普遍。尽管多数投资人了解市场所存在的风险信息，但敏感性尚需提升。

随着投资市场的发展，很多投资人已经形成"积累知识，关注风险"的理性投资观念，但他们的风险认知有待加强。其中，知识积累不足，导致投资人不了解投资风险及规避方法，所获投资盈利的运气成分占比较大，抱有侥幸心理，进一步导致投资行为存在一定的盲目性。而这种盲目性，也让投资人容易受"羊群效应"影响，产生盲目从众的投资行为，在损害自身利益的同时，还会在一定程度上引发金融市场的动荡。

金融市场的"羊群效应"是投资人的一种特殊的非理性盲目从众行为，在信息和环境不确定的情况下，投资人的行为容易受到其他投资人的影响，模仿他人决策，或过度依赖舆论，而不考虑自己的信息。这样的投资人一旦进入股市、贵金属等兼具投资和博弈属性的投资渠道，最终结果只能是被"套牢"或"割肉"，损害自身利益。更严重的是，这种个体趋向于一致的行为，一旦被投机者利用，不仅会造成个人损失，更会对市场的稳定性和效率造成极大的不良影响。

2.知识是规避投资风险的最佳办法

避免"羊群效应"的不二法门，就是专业。投资人虽然可以选择优质、专业的资产管理公司和管理者，但最好的办法还是提高自身的金融专业知识和风险意识，具备足够的识别能力。

不仅如此，资产管理公司主要服务高净值人士，难以覆盖全部投资人，多数投资人依然需要通过自身的知识储备和风险识别能力规避风险。特别是当前我国投资市场仍是新兴市场，市场发育与市场监管都还不成熟，影响市场的不确定性因素较多，进一步加剧了市场风险。如果投资人缺乏风险意识和防范风险的能力，就会被市场波动和各种真假信息、传言搞得晕头转向，变得惶恐不安、不知所措，引发盲目、从众的投资操作。如此一来，不仅会使投资人错过难得的投资机会，也可能造成较大的经济损失，甚至引起心理失衡，产生其他严重的不良后果。

目前国内不少投资行业，特别是股市、重金属等高风险行业正处于谋求转型关键阶段。投资环境的良好发展离不开投资人的参与，投资人只有持续不断地开展自我学习和知识积累、选择并密切关注权威渠道市场信息及风险动向，保持风险意识的敏感性，才能有效规避投资风险。

3.学习是获得投资知识的不二手段

学习，是获得知识的重要手段，跟投资相关的知识也不例外。

对于非专业的一般投资人来说，学习知识也并非"多多益善"，只有根据自身情况选择合适的知识来源，把握学习的重点方向，才能最大限度地提高风险防范意识和抗风险能力。

首先,保证知识来源的权威性和正确性。目前投资在国内比较火热,各种渠道流传着海量相关信息,但不少信息可信度不高。在投资人难以自己判断信息真伪的情况下,选择权威渠道获取相关信息,是最保险的做法。

其次,从自身出发,选择合适的投资产品并专注于此。为了满足投资人各不相同的投资需求,可以选择不同的投资方式,而投资方式不同,收益、门槛和风险自然也大不相同。只有选择适合自己的投资产品,才能有效降低投资风险。所以,在正式学习之前应先分析自己的财务需求和财务目标,根据自身情况选择合适的投资项目。如果你的风险承受能力较强,可以选择股票、期货等;反之,可以选择低风险方式,如银行投资等。确定了投资方式后,就要进行有针对性的学习了,不能贪多求全。对于普通投资人来说,投资只是资产保值或升值的辅助手段,多数人没有足够的精力全面系统地学习知识。因此,专业比全面更重要。

最后,投资回报率是鉴别风险的好办法。在投资世界中,风险和收益永远成正比,高收益一定伴随着高风险。投资人需要了解现在银行存贷款利率,并以其为标准衡量所投产品的收益情况,判断风险系数,不能盲目追求高收益,以免承担自身难以接受的投资风险。

投资人一定要记住,只有通过学习,不断地提升自身的投资知识和抗风险能力，才能有效规避风险、完成资产保值，毕竟知识才是投资人最靠得住的力量！

思维5. 聚焦优势
——聚焦在自己的能力圈内

在投资领域，有很多禁忌，最重要的莫过于"不熟不做，不熟不投"，堪称投资铁律第一条。而"不熟不投"在中国经典兵法书籍《孙子兵法》里就是知己知彼！

兵法云："知己知彼，百战不殆。"几千年以前，古人就告诉了我们这条投资铁律！要想投资成功，不仅要了解投资对象，还要知道自己的情况，肯定是不熟不投。在这方面，雷军做得就很好。

雷军不仅是一个成功的企业家，还是一个卓越的投资人。比如，路上看到的蔚来、小鹏、货拉拉，还有手机上的快手、优酷、爱奇艺、喜马拉雅等，甚至今日头条的母公司字节跳动都是雷军一手投资的。那么，雷军究竟有什么投资秘诀，为什么他不仅创业成功，投资也能如此成功？其实，雷军自幼爱好围棋，从不浪费每一次落子，他的每一次投资，都有清晰的战略意图。而投资决策的背后，是他一贯秉持的投资原则，其投资准则之一就是"不熟不投"。

投资早期，雷军一般是以天使投资人的身份出现在交易中，投资的逻辑围绕"熟人"展开，合作者往往也是"熟人"。雷军曾向市场展示了以下成绩单。

2012年欢聚时代在美国纳斯达克成功上市，雷军以100万美元的天使投资，7年间获得280倍的回报。

2018年虎牙直播于纽交所上市，YY直播被百度收购，UC浏览器被阿里巴巴并购，拉卡拉2019年在深交所上市，雷军以400多万元的投资换来了账面900倍的回报。

这些公司都有个共同点，即他们的创始人和雷军都是好朋友。拉卡拉的孙陶然和雷军相识多年，UC浏览器创始人俞永福与雷军相交甚久。雷军曾和俞永福说："永福创业，做什么我都支持。"因此2006年俞永福决定创业时，第一个电话就打给了雷军。雷军也没有迟疑，当时就决定给他投资，接下来他就成了UC的天使投资人。

通常，投资人在选择投资项目的时候，在投资项目和风险方面都会作参考，但雷军不同，他说："投资只选熟人，或者是熟人的熟人，不熟不投。"而这也是雷军所走的"雷军式"的投资道路。

熟人知根知底，风险可控，投资就如同凑份子，输了是帮朋友，赢了大家一起开心。

各行各业赚钱的关键其实就在"熟悉"二字上，当你对一个行业熟悉到一定程度，研究它的规律，抓住它的发展趋势，就可以进行投资了。如果投资人天资聪颖，又赶上了好时机，自然可以大赚一笔；反之，如果不够聪颖，又没赶上好时机，就需要更熟悉投资领域，抓住市场运作和投资规律。

在投资领域，"不熟不做"还有一个专有名词，叫"能力圈"。"能力圈"这个词最初来自价值投资的范畴，意思是说，每个人的所懂所知都是有限的，要在自己有所了解的能力圈内投资，不要在自己不懂的区域投资。说白了，这个"能力圈"指的就是投资人的能力范围，也就是在这个范围内做事，能控制，能主导，成功的概率最大。

我国香港锦兴集团总裁翁锦通，40岁独闯香港地区，白手起家，拼搏奋斗，成为一名闻名世界的"商界奇才"、香港地区的"抽纱大王"。生意发展最红火时，他的集团公司转口经销的我国抽纱工艺品年贸易额达8亿美元。此外，他还涉足了地产、矿产、化工等行业，同样取得了辉煌的业绩，成了雄霸一方的殷商。

其实，只要了解他的生意成长轨迹就能发现，他的一个经营原则非常值得我们学习，即"不熟不做"。

1962年，翁锦通开始创业，他从自己熟悉的潮汕抽纱做起，靠着在抽纱行业数十年的经验、对抽纱行业经营管理的把握、对抽纱细微技术性问题的熟知，创办了锦兴绣花台布公司和香港机绣床布布厂。

翁锦通在抽纱工艺领域稳扎稳打，不断拓展，逐步建立起他的"抽纱王国"，打造出了销售网络遍布全球的"锦兴集团"。

翁锦通为自己的创业总结的第一条经验就是，要绝对内行，才可能做到业精于勤，才能成为专长、专业。

常言说："隔行如隔山。"若是在其他场所，仅仅是不懂而已，也没什么大不了。但在生意场上，就意味着血本无归了。别人做生意确实能赚钱，等到自己做了，可能就只有赔钱的份儿了。因为每个行当都有自己的核心内容，不熟悉，是掌握不了这些东西的。不熟悉自己所投行业，在同业竞争中就会处于劣势，除非你很有钱，能赔得起、交得起学费。

1. 弄清楚所投对象

要想知道自己能否投资一只股票，首先就要解决认知问题，弄清楚所投对象。

第一步，看品质。

要想了解所投对象的品质，可以查看三个维度。

一是看财报。比如，现金和约当现金占总资产比重低于10%，资产负债率超过70%的，就要避而远之。

二看看行业。格局决定结局。如果公司所处的行业很糟糕，比如竞争异常惨烈，最好先不要投。平时可以多到网络上看看，多翻翻微博，如果某行业的CEO们整天在微博上互掐，就说明这个行业比较惨烈，可以先放一放。如果其CEO们相互比较客气，说明这个行业大家还都有钱赚。明白了这个道理，进行一下行业比较，就可以剔除一些行业了。

三是看公司有没有定价权。如果公司给产品涨价，销量依然稳健，公司就有定价权。通常，影视公司的定价权就明显弱于导演和明星，因为观众是为导演和明星买票，不是为出品公司买票。有一家影视公司却有定价权，那就是迪士尼。因为其多数明星不要片酬，定价权自然就转移到了迪士尼身上。品牌、经营能力、专利、科研能力、行业垄断都是定价权的保障，有定价权的公司，值得投资的可能性往往很大。一句话，行业赚不赚钱，公司有没有定价权，财报是否健康，都是判断公司是不是好选择的方法。

第二步，估值。

亚马逊的杰夫·贝索斯说过："只有买得便宜，才能卖得便宜。"也就是说，在投资之前，要估计这家公司到底值多少钱，越便宜越值得买。

估值，是投资中最容易量化的一个指标。这里有一套根据财报定估值的公式：

股价 = 上年的净利率 × 上年的总资产周转率 × 当前每股净值 × 上年的权益乘数 × 市盈率

其中，市盈率可以取 30、20、10 三个档次。取 30 的时候，可以估算股价的高位值；取 20 的时候，可以估算股价的一般价格；取 10 的时候，就是股价最低的价格。如果价格处于最低价格和一般价格之间，就是被低估的股票。

此外，还可以通过三条线来衡量估值，分别是横向和同行相比、纵向和历史相比、未来和行业前景相比等。

第三步，掌握投资的时机。

如果投资好公司，需要的钱多，就耐心等待，不要急着入场；如果便宜，也别总妄想追到最底部，要立刻购买。要主动改变自己的预期，别老想着精确抄底。因为通常你以为的抄底是这样的，实际上却是那样的。

2. 做自己擅长的事

如果对自己看中的领域或产品不熟悉，宁可错过，也不要犯错。因为能力不足，可以学习积累；智商欠费，可能就要吃大亏。总之，认知和能力就是知行的关系，投资的最高境界也就是知行合一。你所熟悉的事，未必擅长，但你擅长的事，必定熟悉。因此，要做自己擅长的事，比如：

如果你不善言谈而擅长写作，羡慕别人的高薪而去做销售，只怕连饭碗都保不住；

如果你擅长设计，想要靠写作挣钱，恐怕不会有什么"钱途"。

你完全可以利用自己所长，将设计方案转化为金钱。

聪明人一般善于经营自己的长处并靠此赚钱，不够聪明的人却会反其道而行之，或者盲目地随波逐流，任时光流逝，技能荒废。

王某曾在一家广告公司就职，因为在一单业务中擅自做主，遭到老板的批评，愤而辞职。在此后的很长一段时间，他没找到满意的工作。

2006年春节后同学聚会，一个久未重逢的老同学给他介绍了一个某化妆品的"直销"业务。没聊几分钟，同学就向他宣传起了直销业务的巨额回报，并极力"建议"他参加业务培训会。王某接受了同学的建议。

在培训的过程中，对方多数在灌输"暴富"的理念，同时催促他交钱成为会员。急于致富的王某拿出了自己的全部存款3万元投身"直销"行业。他畅想着未来，觉得自己很快就能挣很多钱。结果，没过多长时间，该公司被列入非法传销。他如梦初醒，咬牙切齿地反省自己。

后来，之前的一个客户找到他，想与他合伙开一家广告公司。通过分析，两人决定一起创业。刚开始，广告设计的业务量不大，两人都明显地感到钱并不是那么好赚。不过，坚持一年之后，公司开始扭亏为盈。到了当年年底，公司已经赚了80多万元。王某不仅成了名不虚传的王总，还生出了"把公司做大做强"的雄心壮志。

王某参加"直销"行业，结果被骗入传销陷阱；当他从事自己熟悉的广告设计行业时，则变得如鱼得水。这个案例再次告诉我们，专注于做自己擅长的事、熟悉的业务，成功也很简单！

第二章
投资人常用的思维方式

思维6. 概率思维
——站在同件事发生多次的角度去考虑问题

概率思维是指，利用数学概率的方法，思考分析问题。这里，一共有三个重要的思维模式：墨菲定律、幸存者偏差和小数定律。

关于墨菲定律，纳西姆·塔勒布曾说过："傻瓜认为自己是特殊的，别人都是普遍的；聪明人认为自己是普遍的，别人都是特殊的。"做投资，就要以对基本面的理解为基础，并具备对各种情境的概率分布及该情境下的收益率设想的能力。

不管投资人是否具备跟投资项目有关的知识，他的行为都要符合概率论和数理统计中关于期望值计算的公式。幸存者偏差是一种常见的逻辑谬误，指的是日常生活中人们更容易看到成功、看不到失败，会大大高估成功的希望。

幸存者偏差，是由优胜劣汰之后自然选择出的道理：未幸存者已无法发声。人们只看到通过某种筛选而产生的结果，却没有意识到筛选的过程，因此忽略了被筛选掉的关键信息。例如，看诗词大会时，很多人往往只能看到场上表现出众的参赛选手，但实际上他们是通过层层选拔选出来的，被筛选掉的基数特别大，他们胜出的概率其实特别低。又如，看到市场参与者，人们一般会关注已经成功的人，也就是已经出名的人，其实在众多交易者里，他们是极少数的一部分，成功的概率非常低。

小数定律是一种概率上的思维谬误，与"大数定律"相对应。"大数定律"是指，统计的数据样本越大，最后得出的数据越接近真实结果。而"小数定律"恰恰相反，它是指在数据足够少的情况下，人们总会不由自主地以自己的视角或已知的少数例子作为衡量标准，并推测和得出错误的结论。

拿扔硬币来说。根据大数定律，如果抛出的次数足够多，正反面出现的次数应该趋于相等。但如果抛出的次数有限，这一统计规律就不成立。相比于大样本，极端结果（高发病率和低发病率）更容易出现在小样本中，也就是连续出现某一面的可能性非常大。

1. 缺乏概率思维是最常见的投资认知误区

所谓概率，就是某件事情发生的可能性。将概率思维运用到投资上，就是采用大概率能让我们赚钱，或投资到大概率能够赚钱的资产上。但不管是生活还是投资，人们经常去追求小概率成功事件。这就是缺乏概率思维。

在日常生活中，我们身边存在诸多小概率事件，如出门遭遇交通事故、发生食品中毒事件等。只不过，这些事件的发生概率较小，人们更倾向于忽略它们。

比如，虽然交通事故经常发生，但我们不会因为害怕出交通事故就不出门，依然照常上下班、购物、旅游、走访亲朋好友，也不会因为怕飞机失事而不坐飞机。也就是说，人们相信那些"厄运"不会降临在自己身上。但到了投资领域，人们对于小概率事件的看法却与之相反，认为"好运"会发生在自己身上。

投资中同样如此。很多人经常追求小概率成功事件，如押注高风险的"乌鸦变凤凰"式的资产重组，押注赛道竞争格局高度不确定的品种，都是典型的缺乏概率思维的表现。

很多优秀投资人的眼中有一个数学世界。作决策之前，他们眼中都是由概率和赔率组成的数学期望；而已经发生的、我们所看到的，只不过是之前概率公式的一个结果而已。他们不会因为这个结果或悲或喜，因为这都在他们预料之中，也都为此提前做好了准备。

2. 概率思维对投资的启示

（1）投资或操作是一种概率游戏，最终的盈利是通过大量交易得到的期望为正的交易来获得的。也就是说，每一次成败并不能决定交易的成败，只是其中的一个样本而已。因为，你要做的就是让每一个样本的亏损尽量少而利润尽量多，通过大量样本来获得最后的成功，不能觉得每一把都对，否则就不符合统计学和概率学的基本常识。这样要求自己，是不科学的，也不可能达到目标。交易是通过正的期望来获得，而不是通过百分百的胜率。

（2）你是所有交易人中的一个，你也符合概率学的基本规律。你成为极少数的概率非常低，所以对自己的盈利目标要有正确的估计。任意时间都想一下墨菲定律，要做一个聪明者，而不是愚蠢者。只要持续盈利一段时间或达到目标，就可以适当减少操作或仓位。

（3）密切关注大盘与板块的动向。大盘与板块的动向是整个市场的风向标，大盘不好，就要适当减仓，不要盲目自信。

（4）如果意外发了一笔财，就要在一段时间内减少操作。因为从概率学角度来看，后面的操作一般是送钱的，而多数人是在交易成功几笔后加大交易。这是一种过度自信的表现。多数交易结果是市场给予的，而非自己能力超群，要清醒认识到自己的认知不足与收集信息的缺失，尊重市场规律，尊重概率科学，尊重自己的劳动成果。

（5）不要盯着成功的人，要去寻找失败人士，找出他们失败的原因，不做失败者做的事情。这是认识事物的基本方法，不能只盯成功，这也是避免失败、走向成功的唯一方法。

3.投资中如何使用概率思维

通过概率思维，投资人就能制定更加科学和有效的投资策略，包括多元化投资、风险管理、止损和止盈等。同时，还可以帮助投资人避免一些常见的投资错误，比如过度自信和过度交易，更加准确地评估自己的投资策略。

概率思维要求改变思维观念，不作预测。在投资过程中，概率思维的具体应用包括以下几个方面。

（1）风险评估。投资人可以使用概率思维来评估投资风险。通过分析历史数据和市场趋势，计算出各种风险事件发生的概率，并据此制定相应的风险控制策略。

（2）回报率估算。投资人可以使用概率思维来估算投资回报率。认真思考不同可能性的概率和相应的回报，计算出预期的回报率，并据此作出决策。

（3）投资组合优化。投资人可以使用概率思维来优化投资组合。综合考虑不同资产之间的相关性、波动率和历史表现等因素，计算出最优的投资组合，实现风险和收益的平衡。

（4）止损和止盈。投资人可以使用概率思维来制定止损和止盈策略。认真分析市场趋势和波动性，设定合理的止损和止盈点位，就能控制风险、保护利润。

（5）交易策略。投资人可以使用概率思维来制定交易策略。综合考虑不同交易信号的历史表现和概率，就能制定出科学而有效的交易策略，提高交易的成功率和盈利能力。

总之，在投资过程中，概率思维可以帮助投资人更加准确地评估投资风险和回报，制定更加科学和有效的投资策略，并避免一些常见的投资错误。

思维7. 正向思维
——通过已知来揭示事物本质的思维方法

正向思维，其实就是让人们顺势而为。所谓顺势而为，就是事物朝向某一方向发展的状况或情势，其要求人们凡事不要主观臆断，而要顺应大势作决定。成功的投资人多半能做到顺势而为，即使是普通人，也能因此从投资中真正获益。

现在只要提起雷军，多数人会想到他是小米科技创始人，很少有人知道他的天使投资人的身份。2007年，金山被推上港交所，两个月后雷军辞去了金山CEO，专心做起了天使投资。而在此之前，早已实现财务自由的雷军也会偶然撞上那么几笔投资。

2004年年底，有个好朋友找联想投资融资，雷军去帮忙背书，他觉得这个项目很厉害，一定能做成，于是投了415万元。这个朋友就是拉卡拉的创始人孙陶然。后来，网易总编辑李学凌创立欢聚时代，雷军又以朋友的身份投资，投了400多万元，后来欢聚时代成功赴美上市，给雷军带来了丰厚回报。

除了投熟人，雷军也一向被视为对趋势判断精准的人，后来这个理论甚至被他用在所成立的顺为资本上，也就是所谓的顺势而为。做天使投资的那几年，雷军所顺的势就是移动互联网、电商和互联网社区，他一直沿着三条主线，即从UC优视到多看科技、从凡客诚品到乐淘、从欢聚时代到乐讯社区进行投资。

《孙子兵法·兵势篇》曰："故善战者，求之于势，不责于人。"意思是说，善于作战的人会顺势而为去追求胜利，绝不会苛求部属以苦战取胜。在投资中，顺势而为同样非常重要。

巴菲特有个著名的滚雪球理论："把小雪球放在很湿的雪和很长的坡上，不断积累，越滚越大，优势越来越明显。"仔细来看，其实这个理论和《孙子兵法·兵势篇》有着异曲同工之妙。所以，按照《孙子兵法》和巴菲特的理论，投资其实并不难，只要发现趋势、跟随趋势，就能取得不错的投资效果。

回顾一下巴菲特的投资历程。20世纪70年代，他购买了华盛顿邮报和盖可保险。

自1973年起，巴菲特开始投资华盛顿邮报，他一边买入，股价一边下跌，整个买入过程持续了近一年。巴菲特完成建仓后，持仓市值最低缩水至约800万美元，浮亏30%。一直到1976年，他在华盛顿邮报上的投入才开始盈利。当年，华盛顿邮报和美国五大电视网垄断了人和信息连接的入口，采用躺赚广告费的生意模式，即谷歌和脸谱生意模式。

盖可是一家优质的保险公司，因为董事长过度强调增长导致承保决策失误和索赔费用失控而陷入了困境，濒临破产，股价也从几年前的每股 61 美元跌到 2 美元。1976 年巴菲特以每股 3.18 美元的价格抄底，购买了 130 万股该公司股票。同时，巴菲特还考察面试了新的天才 CEO，并利用自己的影响力帮公司筹款，渡过难关。随着公司业务有所好转，巴菲特继续买入公司股票（支付溢价），最后实现百分之百控股。这个例子符合巴菲特的理念："长期追随高品质企业，在机会出现时果断出手。"保险公司源源不断地为巴菲特的伯克希尔提供浮存金，是最好、最安全的投资杠杆放大器。

巴菲特从 2016 年开始购买苹果股票，持有苹果 1.1% 的股份，约 0.61 亿股，成本约 67 亿美元，市值约 71 亿美元。2016—2018 年巴菲特持续买进，后来虽略有减持，但始终是他的头号重仓股，当时购买成本约 360 亿美元，再算上 2020 年巴菲特兑现了 110 亿美元和这几年的现金分红，6 年时间赚了 1300 多亿美元，保住了自己在投资领域的江湖地位。

巴菲特牢牢把握了每个时代趋势下的伟大公司，实现复利增长。所以，投资就是洞察时代趋势，只有顺应事物的发展规律才能事半功倍。

1. 正向思维和顺势而为

这种思维方法是投资人最常用的一种思维模式，是一切逻辑推理的基础。

所谓正向思维，就是人们在创造性思维活动中，沿袭某些常规去分析问题，按照事物发展规律进行思考或推测，是一种从已知到未知、通过已知来揭示事物本质的思维方法。比如，2018年半导体投资引发热潮，2020年以来则是新能源产业(光伏、新能源车)投资热潮，在这两个时间段只要选对了热点行业，投资的胜率也会大幅提升。

顺势而为是指，在市场中抓住趋势和趋势背后的力量，跟随市场的走势进行投资和交易。根据市场的走势和趋势，投资人可以选择做多或做空，以获得相应的回报。这种策略认为，市场中的趋势由市场参与者的共同行为形成，跟随市场趋势，就能更好地把握市场机会和风险。

投资人使用技术分析、基本面分析等手段，识别和确认市场的趋势，并根据趋势的方向进行投资和交易，不仅可以把握市场的大方向，避免逆势操作的风险，还能尽可能地降低交易风险，提高交易成功率，也能从中抓住更多的机会，获得更好的回报。

当然，顺势而为也需要投资人有一定的市场分析和判断能力以及良好的风险管理能力。只有充分了解市场，才能准确地把握方向、顺势而为，实现投资目标。

2.顺势而为，成功投资

（1）明白大势。如今，我国社会经济稳定，总体趋势向好。回顾数十年来我国的变化，对比当今国内外的局势，我们应当对我国经济、金融市场的发展充满信心，勇敢地投入虽然有波动但总体稳步向上的投资活动中。这就是大势。畏于市场波动，对未来经济走向缺乏信心，总想着落袋为安，会痛失很多不错的致富机会。明白了最根本的大势，才能构筑好自己的投资观。

（2）看清趋势。

A.金融环境发展的影响。经过多年的沉浮，如今我国的投资政策已日渐明朗，投资人要明白，曾经挣快钱、挣保本钱的时代已经一去不复返。投资人必须用平和的心态对待发展，既不能对无法短期快速增长的财富感到沮丧，也不必因一时的浮亏感到紧张，要明白真正可靠可观的收益是从长期稳健的投资中获得的。

B.投资文化变革的影响。如今，中国的投资市场是个人唱主角。从长远来看，随着国际金融发展环境的进一步融合以及中国投资文化的进一步发展，机构投资人话语权会越来越大，从这个角度来说，选择合适的投资机构，更利于普通人投资。

C.国家政策导向的影响。改革开放以来，每一次政策的重大调整，都会带来一波蓬勃的投资机会。认清政策趋势，就能大大提高投资的收益水平。

D.经济周期轮换的影响。美国著名的投行美林证券基于多年研究，将经济周期分为衰退、复苏、过热和滞胀等四个阶段，并发表了著名的美林投资时钟理论。核心就是，经济周期任何阶段都有投资机会，各周期对应的投资品种都有一定的规律，关键是要清楚当前所处的周期，选择适应的投资产品。经济周期不是西方国家所独有，我国也同样存在，只不过我国政府的调控能力比较强，周期性看起来不那么清晰，普通老百姓也对此不够敏感，因此投资人只要能够理解且领悟经济周期的波动，就能获得较市场更好的投资收益。

E. 产业结构调整的影响。如今，我国正处在经济转型期，由传统动能向新动能转化，新旧产业兴衰交替，投资机会发生了巨大变化。比如，仅一年之前，房地产还是个炙手可热的投资品种，而现在和可预见的未来，理性投资人一般不会把它作为核心投资产品了。

总之，投资，投产品，更要看产品背后的产业和项目，深层次理解国家产业结构调整的意图和方向，不要着急，有的方向需要时间的积累，爆发时将会带来不菲的收益。

（3）投资人的内心趋向。投资人要认同和践行这种顺势而为。有些投资人口口声声说顺势而为，心里想的却是哪个渠道的什么消息能够短线搏一把，哪家机构给的收益率比别人高很多；有些投资人甚至还认为自己可以另辟蹊径、逆风飞扬，爆冷博取更丰厚的收益。抱有这些思想的人，多半只会在投资市场中栽跟头。因此，看清势是能力，顺应势是智慧。

顺势而为与其说是一种行动，不如说是一种战略思维，要坚定地贯彻这一原则，用清醒的头脑去分辨何为当前"势"，用强大的意志力排除逆势，抓住眼下看起来具有获利性的机会。

财富是时间的游戏，只要能够顺应时势，选择正确的投资渠道，就能轻松投资，于镇定自若中获得丰厚回报，实现财富增值。

思维8. 反向思维
——反过来思考似已成定论的事物或观点

高瓴资本张磊有这样一个鬼才逻辑:"蓝月亮不亏损,我怎么投资?"

2008年,蓝月亮总经理罗秋平在股东大会上公布蓝月亮盈利4亿元。

高瓴资本张磊满腔义愤,生气地对他说:"蓝月亮如果不能持续亏损,我就撤了4500万美元的投资,你总经理也别想再当了!蓝月亮必须亏损,我才会投资2.92亿元。"

罗秋平蒙了,投资人要求公司盈利,张磊却要求公司亏损,他小心翼翼地说:"您确定是要亏损,而不是盈利?"

张磊坚定地说道:"我很确信。"

罗秋平愣在那里,心想:张磊平时说话都有礼有节,摆事实讲道理,今天怎么突然冒出一句没头没脑的话,投资人不希望自己投资的企业盈利,还希望亏损?这张磊该不会吃错什么药吧?但他没有当着其他人的面回击张磊,因为他知道,高瓴资本从最初的2000万元到现在的500亿元,全是张磊的"功劳"。张磊投资的格力、腾讯、京东、公牛、百利,都从最初不被人看好,到最终涅槃重生。在创投圈,张磊习惯剑走偏锋,奇招频出，堪称"投资鬼才"。

张磊这次之所以希望蓝月亮保持亏损，一定有他的道理！

带着满肚子的疑问，罗秋平邀请张磊到他办公室详谈。张磊一进办公室，就将手中厚厚的一摞印有高瓴资本机密的文件袋放在罗秋平的办公桌上，并询问他："你真的了解国内日化市场的现状吗？"罗秋平再次惊讶，没想到张磊早有准备。

2005年，蓝月亮凭借机遇打开了洗手液市场，刚从国外归来的张磊则创立了高瓴资本。逛超市时，张磊发现超市里很难找到他在美国早已用习惯的洗衣液。直到2008年，中国洗衣液的市场份额还不到4%。宝洁和联合利华认为，中国市场没有足够的消费力，他们也不愿意推出洗衣液。张磊坚持"重仓中国"的理念，认为中国已经有了洗衣液的消费市场。

罗秋平回答："确实如此。目前日化市场的两大巨头就是宝洁和联合利华，蓝月亮的盈利点是洗手液市场，年盈利额能达到3亿元，但洗手液增长空间有限。而联合利华和宝洁的盈利点在洗衣粉和香皂市场，它们占了中国市场超过50%的份额，现在国民更喜欢用洗衣粉和香皂洗衣，而不是洗衣液，蓝月亮花大力气研发洗衣液，盈利却不如洗手液的1/20。"

张磊："还记得你在路演时对我说的话吗？要做日化市场第一，让所有人都爱上国货！现在机会就在眼前。"

罗秋平："哦？无论是市场还是经营上都看不出宝洁和联合利华有什么问题。他们犯了什么错误呢？"

张磊:"宝洁和联合利华发力洗衣粉市场的原因在于一份调查报告,其中提到,当人均 GDP 超过 8000 美元的时候,当地日化市场就会发生根本性的改变。伴随着手洗到机洗的过渡,洗衣粉和洗衣皂也将向洗衣液升级,这就是宝洁和联合利华在美国大力推广洗衣液而在中国只推广洗衣粉和洗衣皂的原因。因为中国人均 GDP 还只有 3300 美元……不过,他们算错一件事,在这些美资企业看来,中国人均 GDP 要从 3300 美元跨越到 8000 美元至少要花费 20 年的时间,我却认为,按照中国经济发展速度,要不了 10 年就能超过 8000 美元。而且,宝洁和联合利华的统计数字以偏概全,当前北上广深等一线城市的人均 GDP 早已突破 1 万美元,而洗衣液市场还是一片空白!"

然后,张磊继续说:"我之所以要求蓝月亮保持持续亏损,是因为我看到了蓝月亮在日化市场一飞冲天的机会,这时候需要投入巨大的资金,用于洗衣液的研发和营销推广。但目前蓝月亮还守着洗手液市场沾沾自喜,这些股东的目光太短浅。"

罗秋平恍然大悟,当即作了两个决定。

首先,投入重金研发适应国内市场的洗衣液。2011 年结合手洗特点研发手洗洗衣液,2015 年结合机洗特点研发泵头计量式机洗"至尊"洗衣液。

其次,在 2008 年花费 2 亿元签下郭晶晶。凭借奥运会期间国家跳水队和郭晶晶的出色表现,蓝月亮洗衣液标榜的"奥运品质"深入人心。

张磊鼓励创始人罗秋平将业务重心转向洗衣液，大力拓展市场，但前提是要把它变成一个"亏损"的企业，不赚短期的钱，但要有勇气进入新产品门类，打败跨国公司，成为中国洗衣液的第一名。罗秋平也相信张磊，愿意"赌博"，放弃了公司每年可以赚一两亿元的小富即安。

为了完成转型，蓝月亮在两年时间里投入大量资金进入洗涤剂市场，从一家盈利的洗手液公司转型为一家战略性亏损的洗涤剂公司。很多人怀疑罗秋平的脚步迈得太大，但事实证明，蓝月亮是对的！洗衣液推出两年时间，蓝月亮销售额达到 20 亿元，占据中国洗涤行业 44% 的市场份额，成为国内洗涤行业的"一哥"。如今，蓝月亮已经成为"洗衣液"的代名词。

事实证明，张磊的预判非常准确，他反其道而行之的做法，不仅帮助蓝月亮在两年内实现洗衣液市场占比 44%，领先宝洁和联合利华的总和，还在 2020 年将蓝月亮送上港交所，市值突破 880 亿港币。对高瓴资本的张磊来说，已经赚了超过 20 倍的利润。

财富都是对认知的嘉奖，思维才是贯穿整个投资生涯的核心，学会反向思维，你会发现，通往成功的路上其实并不拥挤，人们挤破头去争取的也未必都正确，远离多数人的想法，可能才更容易看清这个世界的运行规则。

美国投资家的查理·芒格有一句名言："我如果知道我会死在哪里，我永远不会去那里。"这就是典型的反向思维方法。反向思维也是由芒格推广开来。他倡导使用"心理模型",理解世界的框架,塑造投资人思考、解决问题和作出决策的方式。

反向思维是一种强大的思维工具,鼓励我们逆向处理问题,将重点放在防止不良结果上,扭转问题,并从不同的角度分析它,识别并避免可能阻碍我们成功的风险、错误和偏见。

芒格还有一句名言,抓住了反向思维的本质:"简单地说,反向思维意味着考虑事物相反的视角。"这种思路迫使你审视潜在的障碍、风险和失败点,并想出替代策略和计划来避免它们。在一个鼓励我们不懈前进的世界里,停下来,退后一步,从不同的角度看待事情,往往更有利于思考。这就是反向思维的本质。

1. 理解反向思维

人的思维具有方向性,反向思维是指从普遍方向的另一端来处理问题,它鼓励我们考虑应该避免什么来防止失败,不能仅关注实现目标需要做什么。这种视角的转变可以帮助我们在潜在的陷阱和障碍发生之前识别它们,并制定相应的策略来予以避免。

反向思维是解决问题的一种有力工具,迫使我们从不同的角度看待问题,积极解决潜在问题,使我们的计划更加稳健和有韧性。此外,这种思维方式还有助于投资人摆脱传统思维,发现可能没有考虑过的创新方案。

艺术,就是反向思维一个很好的例子。伟大的艺术打破了以往的一切规则。米开朗基罗·博那罗蒂是世界上最重要的艺术家之一,他曾说过,他的雕塑不是他自己创作的；相反，他是把它们从大理石上放了下来。他通过不断发展和打破以前的规则实现了这一点。为了达到所需要的能力，为了学习人体解剖学，他还研究尸体，能够为自己的雕塑带来更多的自然特征。当时，研究人体解剖学是不允许的，但他依然没有停下来，因为他认为这是一条使他的艺术更加逼真和可信的途径。他创造的作品栩栩如生，非常震撼，尤其是与同期的其他雕塑相比。

同样，反向思维也可以体现在生活和投资的方方面面，比如，夏季买羽绒服，就会很便宜；冬季装空调，价格也会有优惠；淡季去旅游，价格就比较实惠；在投资领域更是如此，优秀的投资人往往与散户的思维正好相反，人弃我取，人取我予。

从问题的相反面进行深入的探索，树立新思想，创立新形象，投资人就能在市场恐慌时看到机会，在市场狂热时保持警惕。

首先，反向思维能够帮助投资人克服人性的弱点，如贪婪、恐惧和羊群效应等，避免错误的决策、错失良机或陷入困境，作出理性的决策。

其次，反向思维有助于发现被低估的投资机会。在市场恐慌或狂热时，企业内在价值常常被低估或高估，运用反向思维，就能从这些极端的市场情绪中找到被低估的企业，实现价值投资的目标。

2. 用反向思维优化投资

逆向投资是在市场最危险、最恐慌的时候"反其道而行之"，利用市场的羊群效应、过度反应等非理性行为来寻找利润空间，这种投资方法具有很多独特的优势。

（1）远离市场噪声。充斥市场的无关基本面、情绪化的各种言论，会使人失去最基本的思考能力，陷入羊群效应，在低位更加悲观，在高位更加疯狂。而逆向投资，强调独立思考，能远离市场喧嚣的影响，从基本面出发，聚焦于投资项目自身的价值，让投资回归本原，投资人的内心也会更宁静。

（2）更大安全边际。当行业或企业处于低谷期，风险暴露得就会相对充分，市场关注度相对较低，股价相对于内在价值存在折价，上行空间大于下行空间，买入往往更具安全边际。逆向投资人往往会在此时出手，构建的组合抗风险能力强，波动率较低。

（3）获得超额收益。投资收益的主要来源有两个：一个是价值回归的收益，另一个是企业成长的收益。逆向投资首先要捕捉的是第一类收益，如果行业或企业迎来拐点后能长期维持较高的景气度，则有望获得第二类收益，即一战而定，同时获得"估值回归+业绩增长"带来的双击收益。比如，白酒和乳制品行业，都曾经历过至暗时刻，但最终都迎来了10倍、20倍的涨幅。

（4）组合管理相对从容。逆向投资一般采用左侧交易，在股价下跌过程中稳步、从容地建仓，不会因关注度太高、交易拥挤而付出太高的溢价。此外，逆向投资通常需要进行全市场选股，跟踪和挖掘多个行业的机会，候选标的更加丰富，选择余地更大。

3.逆向投资执行中的几大难题

在实际投资过程中，虽然很多投资人敢于逆向投资，但大多以失败告终。因为，要想做好逆向投资，面临着诸多挑战。

（1）付出百倍努力，独立深入研究。敢于挑战主流认知，作出与多数投资人相反的决策，不是简单地和大众反着来，而是要知道大众错在哪里。这背后需要付出比常人更多的努力，不仅要对行业或者公司进行独立、深入的研究，还得从基本面出发来分辨公司是否被低估。因为不建立在研究基础上的逆向投资，跟情绪化的追涨杀跌一样，都难以成功。

（2）逆人性，但要顺大势。逆向投资不是逆势投资，市场短期是投票器，会经常犯错，但市场长期是称重机，具备有效性。有些行业或公司持续走低，可能是大势所趋，不保持清醒的认识，就可能陷入估值陷阱中，既亏损时间又亏钱。比如，在2000年前后投资胶片相机行业，是逆数码风暴而行；2010年前后投资功能型手机行业，就是逆手机智能化趋势，这些都是很危险的事。

（3）理性，坚定，有足够的耐心。逆向投资，不可能精准买在底部，在一段时间内很可能会收益不佳甚至蒙受亏损，尤其是在市场疯狂的时候，一边是高估值标的持续上涨，追逐热点的投资人会在短期内就获得了较高的收益；另一边是低估值标的滞胀甚至下跌，给逆向布局的投资人带来较大的心理压力，缺乏耐心、意志不坚定的投资人往往会无奈离场，倒在黎明前。

4.投资中反向思维的运用

反向思维是一种打破固有思维模式、突破常态的思考方法。进行投资交易时，反向思维能帮助我们另辟蹊径，收到意想不到的效果。

（1）关注盈利交易。入市即是"入战场"，亏盈都很正常。可是，为了针对这些亏损的交易，进行下一步的策略改善与交易系统调整，很多投资人在交易结束后复盘时，习惯性地把注意力放在那些亏损的订单上。结果，大多时候投资人看不出个所以然。其实，任何交易策略都是以对市场行情进行某种假设为出发点的。一旦交易亏损，就意味着策略的假设前提并未发生，而造成这种市场实际走势和策略假设之间背离的原因有多种，且每一次都可能不同。与其仅关注亏损的订单，倒不如看看赚钱的交易，关注一下真正表现出策略假设共性的地方。

（2）学习逆人性操作。现实中，多数投资人或多或少重复犯过一些错误，它们根深蒂固地存在于人们的大脑中，犹如一座无法逾越的大山，横跨在交易者与成功的交易之间。而从人们习惯、舒适的思考方式来说，在交易中出现这些人性的弱点是非常自然的。但成功的投资都是逆人性的，只有持续战胜自我的认知偏差，逆着传统的思维方式来思考和行动，才不会重复犯错。比如，"海龟交易法则"的本质是趋势追踪策略。虽然趋势追踪本身并不逆人性，但机械地按照策略的信号交易，即使亏损也不放弃，不掺杂任何主观情感色彩地执行这个策略，就是实打实的"逆人性"。

（3）克服从众心理。人的本性是从众的，情绪是最流行的传染病。如汇市投资，虽然大家看不到聚集的人群，但行情的波动容易让人们形成一个庞大的心理群，各种高低智商在市场大幅波动的情况下迅速归零。

思维9. 倒推思维
——先确定目标，后反向推导，找到实现目标的步骤和关键要素

究竟什么是倒推思维？举个例子。

在高层写字楼中午吃饭的时间，或者在医院高峰时间段，一楼都会出现等电梯的队列，有些人甚至要等10多分钟。但有个人无论多少人排队等电梯，他都能一分钟就上去，他是如何做到的？答案是，当众人都在一楼排队等电梯的时候，他会悄悄上二楼，乘下行的电梯，轻易地获得一个上楼的位置。

这就是倒推思维的实际应用。

倒推思维是一种从目标出发逆向思考的方法，它要求人们先确定目标，然后反向推导，以找到实现目标的步骤和关键要素。该思维能够帮助我们预测结果、识别潜在的隐患，并制订更加合理和高效的解决方案。拥有这种思维，无论目标有多高，都可能找到正确的方向与方法，都可能把

假设属于你的钱与资源变成真正属于你的钱和资源。

电视剧《天道》中，男主角丁元英是一个异于常人的高手，还未出场，就被评价为"可以是魔是鬼，但绝对不是人"。剧中有这样一个情节：为了促使乐圣与格律诗两家公司合作，丁元英开始设置条件。这些条件虚虚实实，不管看起来多么相干，却都是围绕乐圣做出来的。就这样，事情一步步朝着自己设想的方向发展，最后如愿实现计划。

丁元英的思维方式异于常人，他从结果出发，逆向推演，完成布局。然后，以终为始，按顺序执行，为中间的人、事、物等留一定的变量，所有的运作都在他的掌控之中。

这种思维方式以目标为导向，强调以结果为始来设置条件。湖畔大学的曾鸣教授曾这样表述："在面对选择时，从终点出发考虑问题，来决定你当下的选择。"也就是说，站在未来看现在，修正自己当下在做的事情。推倒思维里的墙，打破固有认知，学会逆向思考，从结果倒推，困难就可能轻易解决。

倒推思维的重点不是去研究现有的条件能达到什么目标，而是反向思考，研究要达到目标需要什么条件和采取何种方法。如果条件具备，就开始执行；反之，就分析一下，看看现有条件的瓶颈在哪里、还缺什么、需要想办法补充什么，是否需要采用新的路径来达成目标。当我们将执行过程中遇到的困难和问题一个个解决掉，整个大目标也就实现了。

总结起来，实现倒推思维，共有四个步骤。

步骤一：想象最终的结果。

想想"我们要实现怎样的结果"。比如，想把英语成绩提上去，结果是英语成绩提高到多少分。

步骤二：从结果倒推实现过程。

把实现结果的过程推导出来。比如，想要把英语成绩提高 30 分，可以分析自己的英语试卷，看看自己在哪些方面比较薄弱。找出问题后，再做些专项训练题。

步骤三：拆成可完成的任务。

将大的目标化解为每天的小行动，将一个战略性的问题转化成多个战术性问题，持续精进，每天都离目标更近一点，最终实现终极大目标。

步骤四：紧盯目标，科学执行。

在实现目标的过程中，要排除外界的干扰条件，拒绝借口，朝着目标不断努力。

从原因到结果是问题的发生顺序，而从结果到原因则是问题的解决顺序。投资中的问题向来是易少难多，从结果出发的倒推思维，能解决投资中的许多难题。

思维10. 均衡思维
——系统认识对象的结构和功能

1.均衡策略是什么？

所谓均衡策略，就是不会长期死守某个方向或行业，而是将仓位均衡配置在4~5个核心方向上。

（1）配置灵活。均衡策略本身非常灵活。在配置过程中，投资人不能为了分散而均衡，要理解发展趋势，然后在好的赛道中寻找优秀公司。

（2）名将掌舵。这个策略对投资人提出了极高的要求，因为它需要充分发挥整个投研平台的作用，需要投资人对赛道和宏观经济都要有独特的见解，开阔眼界，发现行业的变化，努力把握投资机会。

（3）业绩优异。评判策略如何的标准是业绩。因此，要努力提高业绩。

2.均衡策略是怎样炼成的？

均衡策略指的是在多个赛道均衡配置，使组合在各市场条件下都尽量提供稳健的投资回报。但是，要在投资中实践均衡策略并不容易，运用这种投资方法需要更多投资人经验和灵性的叠加。

均衡策略不是"平均主义"，不是在各赛道上都分散配置一点。如果配置过于分散，组合的收益就会相对较低。

在具体的投资实践中，在注重均衡配置的同时，还要把握住行业发展的方向。

比如，在过去几年的实践中，某投资人主要聚焦四大赛道：医药、消费、新能源和硬科技。重点配置这四个行业，是他综合考虑了行业中长期发展趋势后作出的选择。

医药和消费是过去两年大家一致认定的长坡厚雪的赛道，再加上我国人口众多，消费是硬需求，这个赛道里自然就会出现各种各样的投资机会，因而需要长期把握。另外，新能源和硬科技属于成长性特别好的赛道，把握住这两个赛道，也就把握住了"时代的脉搏"。

在关注这四大赛道的同时，该投资人还在组合中适当配置军工、化工等其他行业标的，作为均衡组合配置的方法。通过这种"稳健＋成长"的搭配，实现了组合的稳中求进，使组合的下跌相对可控，争取稳中求进的净值走势。

3. 选择行业和公司的方法

选择行业和公司时，"动态平衡"是关键。

均衡策略的关键在于保持组合的"平衡感"。一个投资组合就像一架飞机，风格过于集中，就容易发生偏离。在这种情况下，掌舵者就需要注意飞机另外一端的力量。

投资市场同样如此，以消费与医药板块为例。经过前两年的发展，消费与医药的估值相对于其增速已经出现了严重的偏离，所以2023年二、三季度这两个赛道出现了比较明显的回调。其实，这并不是一个简单的均值回归的问题，而是通过一定程度的调整，市场在风格上趋于平衡。在这种调整的背后其实就是行业基本面的变化，而不是投资人的主观意愿。

在进行行业比较时，首先要看行业景气度的变化。如果它已经是景气行业，估值就会比较高。投资人就要思考：在整个市场中有没有比它景气度更高或更加有性价比的？这就是一种比较方法。同时，也可以通过行业内部主线的变化来调整行业内部结构。因为，行业内部、产业链不同位置的发展并不同步。

以新能源产业为例。2023年新能源车上涨较多，但这个过程也是先从中游涨到上游，最后传导到下游。即使是新能源车电池的不同环节，发展的时间顺序也有前有后。通过这种动态的比较和评估，基本上就能得出一个确定阶段组合的配置方法。而这个配置方法也不是一成不变的，投资人可以根据市场作动态调整。当市场行业景气度明显上升时，适当进行一些偏离，但这个偏离也是适度的，整体配置不能太集中。

思维11. 本质思维
——多问几个问题后，直指问题的本质

本质思维模式是投资人研究企业最先用到的思维模式工具之一。

投资人阅人无数，看企业无数，经常使用这种思维，就可以一眼看透事物的本质。

这种思维模式的特点就是多问一些"为什么"，比如，如何做好投资？什么样的企业算是一个好企业？怎样才能找到好的企业？资金投入什么样的企业中，回报率最高？这个团队是不是企业目前最佳的？问完这几个问题后，就能直指问题的本质。

投资人在投资时，应该经常思考三个问题：一个关于风险、一个关于收益、一个关于信心。如果想成为专业投资人，就来对照这个清单，看看这些问题你能否回答。

1.这笔投资亏了一半，怎么办？

许多投资人在买入股票（或者其他资产）的时候，决不会问自己这个问题："如果这笔投资亏了一半，我该怎么办？"但是，实际上专业投资都会考虑这个问题。

对于很多投资人来说，他们几乎都不会想到这个问题。如果让他们思考这个问题，他们会说："我的投资怎么可能亏一半呢？应该涨一倍才对。"如果硬让他们给出答案，他们多半会说："如果有可能亏一半，那么我根本就不会做这笔投资。"

但是，对于所有的风险投资来说，投资人都有可能亏一半，甚至亏得更多。比如，即使是房地产这种经常被认为是"毫无风险"的投资，也会遇到像 2022 年之前几年的河北燕郊楼市一类的下跌行情。

投资人不思考"如果我的投资亏了一半该怎么办"，等真正遇到投资亏了一半的时候，他们会怎么做？多数情况是，不看账户：只要不卖，就不算亏。但对于专业投资人来说，"亏一半该怎么办"是个特别好的压力测试问题。做投资时，如果投资人能说"万一亏一半就是一个巨大的机会"，意味着他多半已经把这个投资的价值想透了。对于真正有价值的投资来说，既然现在的价格已经值得买入，再打个 5 折，岂不是更赚钱？

2. 有没有比这笔投资更好的投资机会？

进行一项投资时，投资人应当问自己："我这个投资标的，是不是所有能找到、能看懂的投资标的中，最好的那一个？"如果说前面的问题是对投资风险意识的测试，那么这个问题则是对于收益的考问。

对于自己做的投资，很多投资人都会认为是最好的，因为他们没有足够的精力和经验对其他资产作出评判。要知道，市场上的投资项目有很多，还有各种衍生品，不同项目或产品之间还可以组成不同的交易方法，投资大海如此庞杂，谁敢轻易说自己的投资是最好的？而专业投资人就能找到"性价比最高的投资"。

和"有没有更好的投资"这个问题相仿，投资人也可以问自己一些类似的问题，如"如果别人嘲笑我这笔投资做得不对，我会心虚吗？""如果市场暂停交易10年，我还会做投资吗？"，对于这些问题，只有真正明白自己投资价值所在的投资人，才能给出正确的答案。

3.给你10倍回报，你肯放弃投资吗？

以上两个问题，都是关于具体投资品种的：一个关于风险，一个关于收益。这里，还有一个投资人应该问自己的问题，这个问题关乎投资人对长期投资的信心。

这个问题就是："如果给我现在的投资组合10倍的回报，或者白送我1套房子，代价却是这辈子不许再做投资，赚到的钱只许存银行，我肯放弃这辈子的投资工作吗？"

看到这个问题，有些投资人可能会说："好啊，这么好的事情哪里找？投资不就为了赚几倍、买套房？"但是，真正会投资的人绝对不会为了区区10倍回报或1套房子，就放弃一辈子的投资机会。因为对于真正优秀的投资人来说，他们一生的投资机会，绝不是10倍投资回报或者1套房子可以交换的。比如，沃伦·巴菲特在伯克希尔·哈撒韦公司的投资业绩就超过1万倍，如果再加上他在这家公司之前的投资业绩，更远不止这个数。

如果投资人肯用自己一生的投资机会交换区区 10 倍的投资回报率，那他对自己的投资也太没有信心了。而没有信心的投资，还是不做为妙。

从古到今，基于充分思考以后的信心，是古代的军神韩信和今天的专业投资人的标配。这里有个故事。

汉朝建立后，刘邦曾经问韩信："如我能将几何？"（你看我打仗能带多少军队）古代打仗，军队和军队之间通信手段落后，军队的水平也不高，所以，带的军队越多，挑战也就越大，对将领的个人能力要求也就越高。

彼时的韩信只有 30 多岁，不假思索地说："陛下不过能将十万。"（刘邦你只有这么点本事，带 10 万兵差不多了）

刘邦接着问韩信，你能带多少？

韩信回答："臣多多而益善尔。"（我韩信带兵，多多益善，越多越好）一代军神韩信，对自己如此有信心。无论是 10 万、20 万，还是上百万，没有具体的数字能够限制住他的军事才能。

对于今天的投资人来说，当我们面对"给你 10 倍回报或给你 1 套房子，你肯放弃投资吗"这样的问题时，如果给出的答案是"好啊好啊"，就证明我们对自己的长期信心也只有 10 倍回报、1 套房子而已。而真正专业的投资人一定会说："我的投资回报，多多益善尔。"

最后，再来回顾一下这三个问题："这笔投资亏了一半，怎么办？""有没有比这笔投资更好的投资机会？""给你 10 倍回报，你肯放弃投资工作吗？"这三个问题涉及风险、收益和信心，你找到答案了吗？

第三章
优秀投资人的思维方式

思维12. 长期价值投资
——真正的价值投资是基于长期视角的

成功的投资人关注的一般是长期价值而非短期波动。他们会对投资对象进行深入研究和分析，寻找具备长期增长潜力的资产或企业，多数不会被短期的市场波动和噪声左右，而是注重持有并相信自己的决策。

"马化腾"这三个字在中国乃至全球的科技圈无人不知、无人不晓，作为腾讯公司的创始人，他凭借卓越的商业眼光和独特的投资哲学，成功地将一个即时通信软件公司发展成为一个互联网巨头。那么，马化腾的投资哲学究竟是什么呢？

创业初期，马化腾通过炒股获得了人生第一桶金。1993年马化腾设计了一个名为"股票分析系统"的软件，并被某公司看中，最终以5万元的价格成交。随后的几年里，中国股市持续上涨，马化腾带领团队开发了一款名为"股霸卡"的炒股软件，并开始利用赚来的钱进行股市投资。

1996年，马化腾25岁。随着股市大涨，他手中的10万元本金迅速增值到70万元，为日后独立创业打下了坚实的基础。要知道，当时人们的月工资也只有几百元。

两年后，马化腾与几个同学共同注册成立了深圳腾讯计算机系统有限公司，该公司后来发展成了互联网巨头腾讯控股有限公司。马化腾炒股获得的第一桶金为他创业提供了重要的资金支持和经验积累。

马化腾注重长期价值投资。他并不追求短期的利益，而是更加关注长远的回报。靠着这种投资哲学，腾讯在面临各种诱惑和挑战时，始终都能保持清醒的头脑，坚持自己的战略方向。例如，在移动互联网浪潮来临之际，腾讯果断地投入巨资进行布局，成功抓住了这一历史性机遇。

在很多大师级别人物的投资思维里，其实都可以看到这种思维的运用，虽然每个人的表述不同，但其实都一样。

高瓴资本的张磊曾经讲过："作为投资人，我自己的感触就是用长远的眼光看问题作选择，时间自然会成为你的朋友。"他还对大家说，这个世界不变的只有变化本身。有一句话叫"风物长宜放眼量"，这就提醒我们，要从远处大处着想，要关注未来和全局，选择投资标的时，应该站在一个更大更远的视角。

短视指的是选择的结果，往往是当下的一些收益，是以牺牲未来为基础的，比如，投资时看到这个项目的收益比另一个项目的收益高，就选择这个高收益的，根本就不会注意到这个项目到底有没有发展潜力、能否积累一些竞争优势、是否容易被后浪取代。

想得长远，看得长远，并不只是喊喊口号而已，而是切实落实到投资的具体战略中，也就是说，选择的投资标的，有非常大的愿景，不关注当下的利益，而是在一个有潜力的赛道进行长期创新。因为只有项目或公司能够长期创造价值，才有投资价值，才能获得好的回报。

长期投资不仅能减少市场波动的影响，还能通过复利效应，不断提高投资收益。这种投资方式要求投资人具备耐心和远见，不能被市场的短期波动左右，努力实现资产增值。

1.长期投资的好处

长期投资，是无数历经资本市场风雨起伏的投资大师通过自身经验总结出的更有效的投资之道。股神巴菲特曾经说过，"人们从不愿意慢慢变富，如果有办法可以迅速致富，那么没有人会愿意等待"。可是，现实中，对多数投资人来说，财富管理都是一个慢慢积累、循序渐进的过程，价值的回归需要时间来兑现。

正如投资界有句名言所说："投资就是找到很湿的雪和很长的坡。"所谓"很长的坡"，就是通过长期投资带来复利效应，最终静享时间的玫瑰。

（1）投机是危险的博弈。投资与投机，是投资市场上形影不离的两个词语。西方著名经济学家约翰·梅纳德·凯恩斯原本认为，自己可以凭借过人的学识，在货币市场和大宗商品市场之间的波动中游刃有余。但是，现实结果多次向他表明：投机是危险的博弈！多数投资人清楚，自己可能很容易就消化市场过去或现在的大量统计数据和数字，但是，这种研究对于未来的决策或许没有丝毫预测价值。因为，投机的光芒可能会迷乱大家的双眼。因此一定要谨记，在投资领域，少有投机者能够取得良好的长期回报,即使有些人可以走运一时,但最终结果迟早会回归甚至低于平均水平。

(2)可以降低交易成本,获得投资回报。对投资人来说,衡量自己的投资方式是否正确的唯一标准就是投资回报的多少,投资人只要选择了正确的公司或项目,长期持有,就可以享受公司内在价值的提升,收获较好的投资回报。不做长线投资,只做短线投资,频繁买卖股票,手续费积少成多,就会在不知不觉中提高交易成本,挤压利润空间。从这个角度来说,频繁交易造成的手续费增多,也是投资亏损的一个重要原因。

(3)可以培养良好的投资心态。投资的时候,摆不正投资心态,时刻留意着股票或基金的走向,会让本人感到身体疲惫、精神紧张、倍感压力。最终,就会越投资越累,得不到较好的投资结果。其实,之所以会出现这些情况,都是因为他们使用了错误的投资方法和投资理念,其实只要做长线投资,就能以较为轻松的心态做投资,不用时时刻刻盯着盘面、观望指数走势,把更多的心思放在用心工作、享受生活上,投资也就容易赚钱了。另外,在投资领域,耐心是不可或缺的素质和能力,缺乏耐心的投资人,注定会投资失败;反之,如果耐心十足,就能在投资市场走得更长、更远。

2.长期投资为什么有效

很多投资人知道"用长期持有来穿越市场周期波动"的道理。那么,长期投资为什么有效呢?这里就涉及了投资的本质问题。

权益投资主要是买股票，而股票的回报由长短期两方面因素来决定。从短期来看，决定因素是市场的供求关系，是预期与现实之间的博弈。同时，还受市场情绪影响。无论在牛市还是熊市，都能同时找出上百条看多和看空的理由。从长期来看，股价是企业内在价值的表现。股市不仅是国民经济的"晴雨表"，也是一个国家或经济体经济发展的投射。

3. 如何做好长期投资

要想做好长期投资，就要重点关注以下四个要素。

（1）好资产。好资产，就是能稳定、持续产生越来越多的现金流的资产，随着时间的推移其价值会变得越来越高。好资产是一切的前提，只有好资产才可能有好价格，才值得长期持有，最终才能获取复利。

（2）好价格。再好的资产，买得太贵，也赚不到钱。因此，便宜的时候要多买些，极端泡沫的时候再卖掉。

（3）时间。好资产需要时间让价值增长，好价格也需要时间等待"市场先生"宠幸。所以，一定要耐心等待，拉长投资时间。

（4）仓位。合适的仓位，可以让你舒服地应对波动，做到涨跌都开心。这时候，投资不再需要"坚持"，而变成了"享受"。要想找到合适的仓位，投资人既要考虑自己的承受能力和风险偏好，也要考虑市场情况，在性价比高、确定性强、未来期望收益大时上高仓位，反之低仓位。

4. 长期投资要注意什么

虽然长期投资有很多好处，但是还有两个更加重要的问题需要引起大家的重视。

（1）投资人能力大小的问题。巴菲特曾说："我不认为有谁能够成功地预测股市短期的波动，包括我本人。"可是，多数投资人好高骛远，认为自己聪慧过人，高估自己的能力水平和认知水平，盲目自大，给市场交了不少学费。

（2）长期投资的策略必须建立在价值投资的基础上。也就是说，投资的是好行业、好企业、好价格。巴菲特还有一句经典名言："时间是优秀企业的朋友，是劣质企业的敌人。"内在价值只有经过一段较长的时间才会反映在投资项目上，千万不要以为任何项目都值得去投。

思维13. 深度研究
——成功的投资需要对行业和企业有深入的理解

要想成功投资，需要对行业和企业有深入的理解，投资人要深入研究、挖掘被低估的企业，不能盲目追逐市场热点。

2001年网易股价狂跌不止，从15.5美元跌到了0.48美元。按照纳斯达克的规定，"30个交易日股价低于1美元，就要退市"。当时网易还出现了财务丑闻，美国投资人对其提起了集体诉讼。

听说段永平是个营销大师，丁磊就去找他帮忙。段永平非常高兴，鼓励丁磊坚持下去，从门户向游戏转型。

段永平稍作研究，发现网易是一家被低估的好公司，当时每股现金是2美元。因为深陷集体诉讼，投资人才对其失去了信心。

段永平找到律师，问可能的赔偿有多少。一番测算后，他基本上已经很有信心，然后他就开始作调查。不过，他采用了非常有趣的方法。他并没有看财报、看业务，而是安排人天天打游戏，拿网易的游戏跟其他厂家的游戏作对比，深挖市场需求，看玩家反馈。

段永平从企业家的视角来看网易，认为这个企业还有救，不可能一直亏下去，只要做好几件事，就可以反败为胜。于是，2001年年底，他用1美元的价格买入了大量的网易股票，不仅把自己手上的100万美元都押了上去，还从别人手里借了100万美元，一口吃下了152万股网易，后来又继续增持到205万股，占了网易总股本的6.8%。

2003年，网易股价涨到70美元，后来价格过了100美元，他才慢慢出手。当时，1美元买网易的人很多，但是能坚持到100美元的人却只有段永平一个。这笔投资为他赚取1亿美元。

所谓"外行看热闹，内行看门道"，外行往往看到的是某个行业的冰山一角，但海平面之下才是真正的商业暗潮。对于行业的深度了解，则需长时间躬身入局。正如巴菲特所说："决定投资安海斯啤酒只花了几分钟，但他们的年报我看了25年。"优秀投资人在寻找和储备新目标股作为投资对象时，首先就要研究企业和行业的基本面。

1.研究企业的基本面

（1）评估团队。雷军曾在《评估创业项目的十大标准》中给出了评估团队的六条标准：

a.能洞察用户需求，对市场极其敏感；

b.志存高远，做事脚踏实地；

c.最好是两三个优势互补的人一起创业；

d.一定要有技术过硬并能带队伍的技术带头人（互联网项目）；

e.低成本情况下的快速扩张能力；

f.履历漂亮的人优先，如有创业成功经验的人会加分。

这里，b、c、d、f这四条比较容易把握，最难的是a和e。

"能洞察用户需求，对市场极其敏感。"这是一项要求很高的能力。

曾经有一家美国制鞋公司寻找国外市场，总裁派一个推销员到非洲一个国家，去了解那里的市场。

推销员到非洲后发回一封电报："这里的人不穿鞋，没有市场。"

很快，公司派出了第二名推销员。一个星期后，公司收到了他发来的电报："这里的人不穿鞋，市场巨大。"

这个故事常常被人们用来说明销售人员应该如何把握市场机会，觉得非洲鞋子市场很大的人，就是在透过表象看本质。

1996年金山差点关门，这个阶段雷军反思最多的是"为什么产品做出来卖不出去"。雷军站了90天店面，天天和用户交流，终于得到了一些启发。1997年金山开始重新创业，做了词霸、毒霸、网游等，都比较顺利，最重要的原因就是能够更准确地把握用户需求。

"低成本情况下的快速扩张能力。"这句话有两个关键词，即"低成本"和"快速扩张"。

企业在尚未实现持续盈利之前，一直在过冬，创业者必须具备少花钱甚至不花钱办事且能把事情办漂亮的能力。靠花钱办事，小公司根本就没有机会。

曾经有个北京的创业团队找到雷军，雷军问："假如你们找不到投资，怎么办？"

他们说，自己凑了20万元，花一年足够了。

结果证明，他们果然没有说错。他们团队共有八个人，大家能力都非常强，花一年时间，购买电脑、搭建办公室、配置服务器以及进行市场推广等，20万元足够！

那么，他们是怎么做到的？他们在通州租了一套200平方米的房子，月租金只有一两千元；然后，花两三千元请个阿姨买菜做饭，这样办公、吃住等问题就全都解决了。服务器带宽，是跟朋友借的；剩下的钱，买电脑足够。他们在一年的时间里，全力以赴把产品做到极致，仅靠用户口碑，就做到了相当大的规模……

确实，创业者有这样的决心和自信，只要有梦想，并坚持下去，就一定会成功。

（2）如何评估项目？对于项目的评估，雷军有四个原则：做最肥的市场，选择自己能做的最大的市场；选择正确的时间点；专注、专注再专注；业务在小规模下被验证，有机会在某个垂直市场做到数一数二的位置。简言之，就是在对的时间做一件对的事情，且要做得数一数二。

首先，在对的时间做对的事情，是一个战略问题。如果事情明明不可行，还执迷不悟，注定会以失败收场。做对的事情相对容易，难就难在把握时间点方面。

其次，选择能做的最大的市场。要摸清市场规模，想清楚后再做。否则，只要开始做了，就陷进去了。1996年金山公司面临关键选择，当时如果雷军选择的突破口是毒霸，金山公司会更成功。因为毒霸的市场规模远大过词霸。但在2000年年底杀入，就有点晚了，成本比较高。

再次，专注。专注是团队最重要的武器，所有人都专注于一个问题，就能提高解决问题的速度。出于各种各样的原因，进入一个又一个的战场，最后连一件事情都做不好。

最后，能否做到数一数二。通常，第二名的价值不到第一名的一半，第三名之后的价值就非常低了。既然做投资，就要想清楚：你有什么样的核心能力，掌握着什么样的绝活？

2. 了解企业所处的行业

了解了企业的基本面后，还要进一步了解企业所处的行业。那么，如何才能"快速"了解一个行业呢？

（1）行业概况。

A.行业界定。行业界定就是厘清这个行业是做什么的，满足什么人的什么需求。举个例子，护肤品行业满足的是敏感肌人群的特定护肤需求，产品采用的是温和科学的配方，强调的是产品的安全性和专业性。

B.产业链分布。产业链分布就是看从原料到最终送到消费者手中，上中下游各自的分工。以化妆品行业为例，上游就是原料商和包材商，中游就是生产商，下游就是品牌商和渠道商。

C.行业发展历程。行业发展历程就是从相对长时间的维度，看不同类型企业诞生的时间和兴起的原因。通常企业会经历萌芽期、生长期、发展期、衰退期等发展阶段，基本也跟特定大事件相关。

D.行业发展图谱。行业发展图谱就是从品类进化，也就是用户需求的角度，看过去和现在呈现出的品类演变图，找到规律，从而预判未来的演变方向。比如咖啡行业，从饮用方式的角度，分为速溶、即饮、现磨三大咖啡品类。

（2）宏观环境分析。

A.政治国情。就是看国家出台的相关政策，看其对行业的态度。

B.法律及产业政策。就是看相关部门出台的政策对行业的影响。

C.环保相关。近几年环保的热度很高，要从行业角度看生产是否对环境造成破坏、破坏的程度如何，以及这个行业的消费人群对行业的关注程度是怎样的。

（3）市场分析。

A.市场规模。市场规模决定了大家分的蛋糕上限。在小市场里，领导者也是失速者。

B.市场增速。就是看这个蛋糕是否存在变得更大的可能性，可以从过去和现在的角度去看未来的增长空间。

C.行业生命周期。就是通过规模增速、技术情况、竞争对手数量、进入壁垒、生产经营维度，判定行业所处的是导入期、成长期、成熟期，还是衰退期。

D.行业盈利状况。投资人不仅要看市场大不大，还要看进入市场能不能赚钱。比如，可以看毛利率的大小。一般来说，毛利率大于40%，说明具备某种优势；在20%到40%，处于高度竞争态势；小于20%，则需要尽量避免了。

（4）竞争分析。

A.行业集中度。我们主要看CR4和CR8。一般来说，行业集中度越高，对新入局的玩家越不利，因为头部掌握了消费者心智以及行业核心资源。

B.主要竞争者及成功要素。找到同一标的竞争者之后，可以从品牌力、产品力、渠道力、营销力、资本力五个要点，列出五维雷达图的得分，帮助我们分析。

C.行业壁垒。如果行业竞争壁垒比较低，那么一同竞争的玩家也就比较多。以敏感肌行业为例，主要包含品牌壁垒、规模化经营壁垒、人才壁垒、产品质量壁垒、技术壁垒和行业壁垒等六大板块。

D.替代品威胁。除了通常所说的同行竞争，还会有满足同一用户需求的其他行业的竞争。判断除了本行业产品之外，是否存在满足消费者同一需求的替代品，从而形成一定的竞争关系。比如，猪肉价格涨时，大家就会转向鸡鸭肉。

（5）需求分析。

A.宏观市场规模层。市场规模＝人群规模×消费频次×支付客单价。

人群规模：整体的目标人群规模有多大。

消费频次：是否刚需，是否高频。

支付客单价：支付价格意愿，下限是经济基础，上限是文化洞察。

B.微观用户需求层。这主要包括"用户、场景、问题、解决方案"等四个关键词。简言之，就是什么人，什么场景之下，面临什么问题，需要什么解决方案。

（6）供给分析。

A.供应链。供应链的完善程度，产品能否生产满足需求。

B.产品创新。新技术的推动或旧有技术层的创新，让产品自带"销售力"。

C.产品价格。能否被目标人群接受。有时候，有些品类是"过早创新"，当价格不被接受时，很容易变成炮灰。

D. 销售渠道。渠道铺货影响消费者决策，占据了货架空间，相当于占据了心智空间。

E. 传播渠道。营销会推广刺激，会进一步刺激消费者需求。

F. 资本层面。对于前五个层面都有一定的促进作用。

思维14. 思维开放
——成功的投资往往是多方共赢的结果

在巴菲特辉煌的投资生涯中，喜斯糖果是不可磨灭的一笔，巴菲特在年报中多次提到喜斯糖果。巴菲特也给予了喜斯糖果最高的赞美：梦幻般的生意。做投资，可以从喜斯糖果中得到很多启发。

喜斯糖果公司创办于1921年，位于加利福尼亚，最早由查理·喜斯和他的母亲玛丽·喜斯经营。1949年查理去世时，公司已经拥有78家商店和两个工厂。在接下来的20年中，喜斯公司由查理的两个儿子经营。兄弟俩将商店开到了附近的几个州，商店数量增长到150家。

但是，1971年对于生产高档糖果的喜斯糖果公司来说却不是一个好年景。那时，越南战场的炮火不断蔓延，消费者信心低落，尼克松总统又刚刚宣布对工资和价格进行管制。再加上兄长已经去世，弟弟就想改行做其他生意，打算出售这家经营了长达半个世纪的老店。

有人问巴菲特有没有兴趣收购喜斯糖果店，巴菲特的第一个反应是没兴趣。因为那时他的收购对象只有纺织、保险和印刷，其他领域的公司不符合他的投资理念，于是他对中间人说："我们还不想进入糖果行业。"结果，当他看过相关的数据后，又改变了主意。

原来，这家糖果公司的创始人查理·喜斯专门销售的是用他母亲的祖传秘方制成的盒装巧克力，在当地有一群忠实的拥趸；店铺古色古香，以黑白为主题色，喜斯糖果公司曾骄傲地宣称，这种造型源于"玛丽·喜斯的家庭厨房"。同时，伯克希尔的子公司蓝筹印花的拉姆西也认为喜斯糖果是一个好公司，便将报告送到巴菲特手中。

巴菲特对厨房之类的说法不感兴趣，他只关心数据。虽然既有战争，又有通货膨胀和价格管制，但喜斯糖果依然实现了强劲的销售和丰厚的利润。1972年1月，在同查理·芒格磋商之后，巴菲特最终同意了这桩收购，出价为2500万美元，该价格只是这家巧克力生产商税前收入的6倍，比它3000万美元的总销售额还少。这确实是一桩便宜的生意。

后来，巴菲特回顾说："芒格和我通过很多不同的途径赚钱，有一些甚至还是我们30年或40年前想不到的。你不能指望一套既定的路线图，但你可以有一套思路。"因此，他建议我们保持一个开放的心态，正是这种开放的心态引发了伯克希尔历史上最重要的事件之一——进入糖果行业。

所谓"开放的心态",指的是摒弃带有偏见的思维、不与人为敌的心理、乐观的视角以及接受和理解他人的姿态。约翰·邓普顿认为,要想打造一个好的投资组合,关键是要对于不同类型的投资保持开放心态,因为"没有一种投资项目总是好的"。

喜斯很完美吗?有人指出,喜斯被收购 35 年后,其业务依然集中在西海岸,芝加哥以东地区并没有它的店铺,而星巴克早已成为货真价实的世界性品牌。喜斯也没有将业务扩张到发展中国家,而那些市场正迅速发展壮大。它的国际运营业务也很少,在中国香港只有两家,在日本只有三家,在墨西哥也只有零星的销售。

2005 年,被巴菲特盛赞的首席执行官查克·希金斯(从 1972 年干到 2005 年)光荣退休,可是在 2007 年致股东信中,巴菲特夸耀其继任者只用了两年"就取得了超过 50% 的增长"。

为什么 35 年后,换了一个首席执行官,公司净利润就大幅上升了 50%?喜斯自然不会遭遇来自海外的低成本竞争,但肯定会为行业支出所累,因为它销售的软糖要用到蔗糖、可可、黄油和玉米糖浆等原材料,而这些原材料的价格都在飙升,且还要消耗大量能源。

但不管如何,保持开放的心态确实是一种发自内心的革新。在投资领域,与把自己完全锁定在特定种类的投资人相比,保持开放心态的投资人往往更容易获得成功,封闭和固执有时则是灾难。如果巴菲特固守"纺织、保险和印刷"等投资品种，肯定会错过喜斯这桩好生意。

在投资活动中保持开放的心态，就会对事情发生的背后原因产生兴趣，最大限度地获取信息、规律和变化，直到抓住机会；才能将正确的投资理念长久坚持下去，并充分发挥其价值。

1. 信心

信心是良好心态的基础，是支撑人类生存发展的根本，信心满满方能全力以赴，才有最后的成功；投资决策时将信将疑，行动必会畏首畏尾，最终只能功败垂成。

普通投资人一定要清楚自己为何要投资，如果只是因为资金没有去处而想通过某个项目捞一笔，那么国家政策稍有变动就会惶惶不可终日，市场稍有波动就会胆战心惊。

从大的战略格局上看，投资人一定要树立助推中国跨越发展、分享中国发展果实的态度和信心。记住，打败你的绝不是别人，而是你自己。

巴菲特之所以会说"过去238年，没有人靠押注自己的国家崩溃而获得巨大成功的"，是因为他对自己的祖国充满了信心并从中获得了巨大收益。另外，如果中国没有未来，普通投资人的钱不管放在什么地方，都不会比放在股市好，同样是废纸一张。

2. 细心

细心是一个好习惯，不管男女老少，细心的人总能超前感受一切并得到相应的回报。

投资人应将投资看作一项长期事业，多观察，多探访，多接触一些新事物，了解国家和世界的变化，多一些思考，深耕某个行业或某家企业，多半都能发现别人看不到的投资机会。

3. 耐心

人的性格各有不同，但不管你是急，是躁，是慢，是钝，都要学会耐心处理问题。没有耐心穿针引线，多半会被针扎到手；没有耐心讲解问题，多半都会被客户投诉。

在投资过程中，投资人更需要多些耐心。比如，要想了解公司质地，重仓持有个股，就要耐心阅读上市公司年报。持有个股期间，眼见别人家的标的连续上涨，明知持有个股业务业绩即将兑现但股价没有表现时，失去耐心，待回头时凤凰早已腾飞，只能悔之晚矣。

记住，时间和耐心是最好的收益催化剂。

4. 不贪

普通投资人参与投资的目的就是赚钱，这无可厚非，但贪心能否戒除，决定着你能否从市场全身而退。为此，投资人一定要建立自己的投资纪律，不管是依托估值建立投资体系，还是考量市场情绪组建量化模型，抑或追逐市场热点，只要投资达到了止盈止损的预期目标，就要收得住手，见好就收。既然已经拿到了属于你的，再多的，也只能是锦上添花，千万不要被胜利冲昏了头脑，因为被乱花迷眼，容易生出贪念、乱了方寸，竹篮打水一场空。

5. 仁心

人们常说"医者仁心"，投资人也应该有一颗仁心。投资市场是一个零和博弈的游戏，任何盈利都是以他人的亏损为代价的，但在市场中盈利和巧取豪夺确实有所差别。投资人怀有一颗仁心，就会敬畏市场，注意自己的言行，少了过激的言论和举动。另外，普通投资人有仁心，就能虚心学习，在市场中不断磨砺或成长。

投资是每个人自己的事，正所谓"盈亏自负"，怀着一颗仁心，就不会怨天尤人、患得患失。记住，好心态是投资入门的基本功，也是决定最终成败的关键。

思维15. 风险管理
——投资决策中要充分考虑风险因素

在投资决策中，要充分考虑风险因素，并采取措施来控制风险。

成功的投资人一般具备优秀的风险管理能力，他们会对投资组合进行分散，将资金分散投资于不同的资产类别和市场。同时，为了控制风险或保护本金，他们勇于承认错误，会及时采取措施纠正错误，不会盲目追逐高风险高回报，会想办法平衡风险与收益，以稳健的方式进行投资。

1. 投资人遇到的主要投资风险

投资的风险主要来自以下几个方面。

（1）市场风险。市场风险是指，由市场价格波动导致的投资损失。在投资股票、基金、期货、黄金等产品时，市场风险是常见的风险之一。市场不断变化，投资人的认知却有限，即使无法区分真假，也追求高回报，就会带来投资损失。

（2）信用风险。信用风险是指，借款人或债务人无法按照约定偿还债务而导致的投资损失。在投资个人、盘、币、链、圈、期货等产品时，信用风险是常见的风险之一。一旦平台债务人违约，投资人很可能会面临无法收回本金和利息的风险。

（3）流动性风险。流动性风险是指，投资人无法将持有的投资产品以合理的价格出售而导致的损失。在互联网上投资琳琅满目的产品，流动性风险是常见的风险之一。如果市场缺乏足够的接盘侠，投资人就可能面临无法收回成本的风险。

2. 灵活调整投资组合和策略

投资是一个非常复杂和危险的领域，投资人不仅要有长期的投资视野和坚定的信念，也需要具备一定的投资知识和技能。选择适合自己的投资策略和工具，遵循一些基本的投资原则，投资人才可能在投资中获得成功，并实现财务自由的梦想。

（1）投资人要灵活调整自己的投资组合和策略。当市场出现变化时，为了应对市场变化，要及时作出反应，调整投资组合和策略。例如，当市场处于下跌趋势时，为了保护自己的资产，投资人可以适当减少股票投资，增加债券投资或现金持有比例。当市场处于上涨趋势时，为了获得更高的收益，投资人可以适当增加股票投资。

（2）投资人可以调整自己的投资策略。例如，采用灵活的投资周期，根据市场变化，及时调整买入和卖出时机，应对市场变化和风险因素，获得更好的投资回报。

（3）为了实现最优的风险收益平衡，投资人还可以根据市场变化灵活调整自己的资产配置比例，适时增加或减少某类资产比例。

（4）投资人应该注意到自身的变化。个人财务状况的改变、家庭状况的变化等，都可能对投资策略产生影响，因此投资人要根据自身变化，适时调整投资组合和策略。

（5）在灵活应变方面，投资人要注意到自己的情绪和行为。情绪和行为会对投资决策产生重要的影响。例如，市场大跌时投资人可能会感到恐慌，就会过度卖出资产。因此，投资人要时刻保持冷静理智的头脑，不被情绪左右。

总的来说，灵活应变是一个非常重要的投资原则，它能够帮助投资人在市场变化中保持冷静，及时调整自己的投资组合和策略，更好地应对风险和获得收益。投资人要想投资成功，就要时刻关注市场和自身变化，保持冷静理智的头脑。

选择投资策略和工具时，投资人要根据自己的投资目标、风险承受能力和时间偏好等因素进行综合考虑，可以选择长期投资、价值投资、投资组合、定投等不同的投资策略，或将它们相互结合，以获得更好的投资收益。同时，投资人也需要时刻关注市场变化，保持理智的头脑，更好地应对风险和获得收益。

3. 投资风险的控制

（1）投资前的风险评估。在投资前，需要全面评估投资的领域、市场、风险等因素。在此过程中，需要收集相关的数据和信息，了解市场趋势和风险情况，并制订合理的投资计划和策略。同时，还要对自身的风险承受能力和投资目标进行充分的评估，确保自己的投资行为与自己的投资目标相符合。

进行投资前的风险评估时，需要注意以下几点。

A. 了解投资的领域和市场情况，包括了解该领域的市场前景、竞争情况、政策法规等因素，以便更好地把握市场机会和风险。

B. 对自身的风险承受能力和投资目标进行充分评估，包括自身的资产配置、投资期限、收益预期等因素，以便制订出更加合理的投资计划和策略。

C. 对投资的风险进行全面的评估，包括对投资品种的风险特性、市场风险、信用风险等因素进行全面考虑，以便更好地控制投资风险。

（2）分散投资。分散投资是一种有效的风险控制方法，将资金分散到不同的领域和行业，可以降低单一投资的风险。同时，还要注意不同资产之间的相关性，不要将资金过度集中在某些领域或行业。

进行分散投资时，需要考虑以下几点。

A.投资品种的选择。要选择不同领域和行业的投资品种，以便更好地分散风险。

B.资产配置的合理性。要根据自身的风险承受能力和投资目标，合理配置资产比例，避免资产过度集中或过于分散。

C.投资组合的监控与调整。要定期对投资组合进行监控和调整，确保其符合自身的风险承受能力和投资目标。

（3）止损和止盈。止损和止盈是控制投资风险的重要手段。设置合理的止损点和止盈点，可以控制亏损和盈利的幅度，避免亏损过大或盈利回撤。在投资过程中，要根据自己的投资计划和风险承受能力，设置止损点和止盈点，及时调整自己的交易策略。

进行止损和止盈时，需要考虑以下几点。

A.止损点的设置。要根据自身的风险承受能力和投资品种的风险特性来设置止损点，及时控制亏损幅度。

B.止盈点的设置。要根据自身的收益预期和投资品种的市场走势来设置止盈点，以便及时锁定盈利。

C.交易计划的执行。要根据交易计划来执行止损和止盈操作，避免情绪干扰和盲目操作。

（4）关注市场信息。关注市场信息是控制投资风险的关键。在投资过程中，要密切关注市场动态和相关政策的变化，及时调整自己的投资策略和交易计划。同时，还要关注媒体和专家对市场的分析和预测，以便更好地把握市场机会和控制风险。

关注市场信息时，要考虑以下几点。

A.市场动态的关注。要关注相关领域和行业的市场动态，以便及时把握市场机会和控制风险。

B.政策变化的关注。要关注相关政策的变化，以便及时调整自己的投资策略和交易计划。

（5）风险管理技术。风险管理技术是控制投资风险的工具。在投资过程中，可以采用一些风险管理技术来降低风险，如利用期权、期货等金融衍生品进行对冲等。同时，还可以采用一些统计方法来评估和管理风险，如使用 VaR（Value at Risk）等模型来衡量风险。进行风险管理时，需要考虑风险管理工具的选择，要根据自身的投资品种和市场情况来选择合适的风险管理工具。

（6）持续学习和培训。持续学习和培训是控制投资风险的必要条件。在投资过程中，要不断学习并积累经验，提高自身投资水平和判断能力；同时，还要参加相关的培训和学习活动，了解市场动态和风险管理方法。

进行持续学习和培训时，需要考虑以下几点。

A.学习资料的选择。要选择高质量的学习资料，更好地了解市场动态和风险管理方法。

B.学习计划的制订。要制订合理的学习计划，以便更好地安排时间和提高学习效率。

C.培训活动的参加。要参加相关的培训和学习活动，以便更好地了解市场动态和风险管理方法。

4. 坚持"三不要"

（1）不要垃圾资产。人生幸福的关键，是要远离垃圾人；投资成功的关键，是要远离垃圾资产。买房的时候，有投资人贪图便宜，买了偏远区域或"老破小"，后来发现跌得更多。投资股票，就是投资上市公司，所以要与优秀的企业共同成长。优质上市公司的股票，拿得住睡得香。投资债券，不要看到利息高，要选高品质好资质的企业，因为只有它们才会始终按时还钱。投资就是要选择优质的资产，需要一些眼力见儿，如果你还没有识别资产优劣的能力，就要找靠谱且专业的人来为你提供帮助。

（2）不要买得太贵。好东西也要有好价格！《史记·货殖列传》说："贵上极则反贱，贱下极则反贵。贵出如粪土，贱取如珠玉。"价格，在投资中非常重要。价值投资本质就是一句话——便宜价格买好公司。但是，优质资产通常都不太便宜，除非在危机发生时，有人由于恐惧或杠杆被迫抛售资产。绝大多数情况下，我们需要至少用"合理"的价格买入优质资产。如果支付的价格太高，即使判断对了，收益也比较平庸；如果判断错了，损失将更加致命。

（3）不要少了组合。资产配置是投资中唯一免费的午餐，通过不同资产的组合，就可以对冲风险，平滑波动。一般来说，经济要变好的时候，要多配置些股票；经济不太好的时候，多配点债券。降息周期里，股债可能双牛；加息周期里，存款可能是不错的选择。虽然这些判断也不一定完美契合现实，但大体上可以指导我们配置资产。如果不理解上面的方法，至少应该记住下面这一条：如果怕亏钱，就多配置些存款和债券；如果不太怕亏钱，就可以多配置一些股票和商品。

总之，投资风险控制是投资过程中不可或缺的一环。只有提前做好准备和风险评估，制订合理的投资计划和策略，同时加强团队建设和协作能力，掌握必要的交易技巧和管理方法，才能更好地应对风险和控制风险，最终在复杂多变的市场中获得成功。

思维16. 开阔视野
——从更广阔的角度看待投资机会

在投资世界里，紧盯大事的原则非常重要。沉浸于琐事的投资人，多数会失败；只有专注于长期前景的投资人，才能极大地改善投资业绩，专业投资人亦如此。

投资是一段曲折的旅程，成功之路往往充满挑战，虽然很容易陷入市场的日常细枝末节，但退后一步并着眼于大局，才能取得最佳的投资效果。在投资界，大局的力量是不可否认的，开阔的视野往往是成功的关键。

以更广阔的视野进行投资的最大优势之一是，可以帮助投资人屏蔽市场的日常噪声。投资就像在波涛汹涌的大海中航行，每天都会发生波动和意外，让人难以坚持正轨。然而，从更广阔的角度来看待投资，投资人才能脚踏实地，保持长远眼光；关注大局并确定推动市场的潜在趋势，就能减少投资组合对短期波动的影响，制定更加平衡和多元化的投资策略，建立更稳健、更有弹性的投资组合，更好地抵御市场不确定性。

投资是一个复杂而动态的过程，无论您是经验丰富的专业人士，还是投资小白，只有开阔眼界，才能获得独到的见解，作出更明智的决策，并实现投资的长期目标，更好地应对复杂多变的世界。

那么，如何开阔视野呢？一个重要的方法就是"投资脖子以上"。

首先，可以让我们拥有更广阔的视野。如今全球化日益加剧，投资人只有了解更多的信息和知识，才能更好地应对各种挑战。只有不断学习，才能拓宽视野，看到更多的可能性。

其次，可以让我们拥有独到的见解。信息泛滥的时代，有价值的信息往往都被淹没在海量的数据中，只有不断学习和思考，才能从中筛选出有价值的信息，形成自己独特的见解和判断。

最后，可以让投资人更好地实现自我价值。每个人都有自己的理想和追求，只有不断学习和积累，才能更好地实现自己的投资人梦想。这种回报不仅是金钱和物质上的，更是心灵和情感上的满足。

总之，"舍得在自己脑袋上投资"，才能换得开阔的眼界、独到的见解。因此，为了在竞争激烈的时代中保持领先地位，投资人就要从现在开始，对自己的大脑进行投资，不断学习和思考，开阔自己的视野，增长见识。

思维17. 拥抱变革
——保持敏锐的洞察力，勇于接受和拥抱变革

投资有别于其他行业之处，就是投资人必须拥有足够的洞察力，因为投资是投未来。

从理论上来说，只要具备了足够的商业洞察力，即使不懂价值投资基本原理，不进行投资基本功训练，完全靠天生对股票的洞察力，以及对新鲜事物的好奇心来选择公司与行业，只要能作出正确的商业分析和判断，也可以取得投资成功。

方洪波作为打工人天花板，也是中国最牛经理人，每年都能帮老板赚几百亿元，瞄一眼就能读懂老板的心思。

接班美的后，通过10年的努力，他就让公司进入了世界500强，还

先后超越海尔、格力,成为"中国家电之王"。

他不仅帮老板赚到了千亿元身家,自己也赚到了百亿元资产。

当年,受西方企业影响,美的创始人何享健推行职业经理人制度,同时李飞德、顾炎民、王金亮等干将纷纷加入。方洪波性子直,胆子大,很有改革派的潜质,更受何享健重用。

2012年方洪波正式接替何享健,成为美的集团董事长。其实,方洪波接班美的,也受命于危难之间。当时,美的经过几年的"大干快上",营收规模看起来似乎很大,但其实是一种虚胖,利润还不及海尔和格力。而且,大公司病越发严重,很多销售经理都配有秘书和司机。因此,方洪波上任第一件事就是叫停规模化。他砍掉2/3的产品型号,卖掉7000亩厂房用地,裁掉大半代理商。虽然公司上下怨声载道,但何享健表示支持,还将妻子梁凤钗劝离公司,调走了不服方洪波的几名高管。

经过一番大刀阔斧的组织变革,2015年美的利润逆势大涨21%。2016年,美的成为中国家电业首个跻身《财富》500强的品牌。如今的美的年营收超3000亿元,稳坐"中国家电之王"的位置。

所谓洞察力,就是透过现象看本质的理性思考能力。洞察事物的本质和关键的变化,能够纵观全局、抓住主要矛盾、透过现象看本质,是投资人的必修能力。

如果说投资体系有点像防御,那商业洞察力就有点像进攻,只有防御而没有进攻,很难赚大钱。因为市场具有一种投资人弱点发现机制,会在某一时刻利用这个弱点，把投资人击倒在地。所以，防御很重要，投资体系更重要。

从本质上来说，商业洞察力就是理性思考能力。当然，随着经验的不断积累，对不同公司商业直觉的准确度肯定也会增加。因为股票就是公司、股票分析就是商业分析，只有具备一定的商业洞察力，才能了解现在的行业特征、生意模式、企业文化、净利增速以及成长展望和最大市值预测。

投资中最有意思的事情并不是赚钱，而是一些预见性判断最终被证实或证伪的过程。优秀的投资人往往具备卓越洞察力，能够迅速看清楚事物的本质，并对事物的长远轨迹提前作出有预见性的判断。而商业判断力就是这种洞察力的一种运用。那么，如何培养洞察力？

1. 对身边事物保持孩童般的好奇心

查理·芒格曾经说过："你必须有浓厚的兴趣去弄明白正在发生事情背后的原因。如果你能够长期保持这种心态，你关注现实的能力就会逐步提高。如果你没有这种能力，即使你有很高的智商，也注定要失败。"在孩童时期，每个人都有好奇心，可是随着年龄的增长，身边所有的事物在我们看来都是平淡无奇、理所当然，好奇心的泯灭几乎是无可挽回的宿命。投资人要想提高洞察力，就要对世间万物保持孩童般的好奇心。

2. 培养勤于观察和深入思考的习惯

牛顿曾经说过："如果说我曾发现什么有价值的原理，那应该归功于我的耐心观察，而非其他才能。"处处留心皆学问！任何事物的背后都有一套学问，等待我们去挖掘。就投资来说，不同项目的微妙差别决定着背后的经济特性以及长期投资价值的优劣，只有细心观察才能发现这些差别及其深刻含义。比如，同样是酒，白酒、红酒和黄酒之间就存在微妙差异，各品类市场规模的大小自然也就不同。即使观察到同样的现实，每个人深入思考的能力也不同。比如，受限制"三公"消费的影响等，贵州茅台的销售确实有所放缓，但很多人只看到了表面现象，认为高端白酒将长期衰退，而洞察力强的投资人却能看到高端白酒背后承载的中国传统文化、社交文化习惯等不会改变，从而判断这种影响是短期的。

3. 从寻求"因果关系"转向理解"因果机制"

我们之所以要对某些企业做研究，最终目的都是根据已有信息，对企业未来的经营业绩作出大概率的预测。影响企业未来经营业绩的因素有很多，其中的因果关系很复杂，要想提高投资效果，就要正确预测企业未来的经营业绩。而要想做到这一点，就要理解影响企业经营业绩的关键因素和关键变量，找到因果之间的作用机制。

只有降低分析层次寻找作用机制的微观基础，才能更好地理解这种作用机制。此外，还要分析未来哪些关键因素、关键变量会发生重大变化，因果作用机制是否会发生重大变化；假设其他次级因素发生不利变化时，会不会对这种因果作用机制发生重大影响。

4.掌握最基本的跨学科思维模型

这是查理·芒格提供的最重要的思维方法。投资人只要掌握约100个不同学科的基本原理和思维模型，就能大大提高对各种事物的洞察力和认识水平，如掌握复利、概率论、统计学、不对称信息、博弈论、人类认知偏误心理学、进化论等跨学科的基础知识，都有助于理解投资规律和商业本质。

第四章
成为投资高手需要具备的思维

思维18. 概率思维
——优秀投资人的眼中都有个数学的世界

在投资市场上，人的情绪是主导市场的最重要因素，而别人的情绪是最难把握的，投资人只能通过趋势和主流方向来把握。我们都不是神，对于市场走势的不理解是正常现象，可是一旦多数投资人对基本面因素的影响达成共识并想继续炒作时，这种认知也就处于危险的边缘了。

我们的世界到处充满概率，尤其是投资市场不确定性因素太多，处处充满动荡，因此，投资人必须有概率思维。投资人可以用更长远的眼光来审视市场，也可以用心理学知识来概率地分析市场，并据此采取行动，获得可能获得的收益。毕竟，概率就意味着可能。

有人说："任何投资都要以对基本面的全面、深刻的理解为基础，并具备对各种情景的概率分布及各种情景下收益率设想的能力。"不管投资人是否具备高等数学知识，他的行为基本上符合概率论和数理统计中关于期望值计算的公式。

优秀投资人的眼中是一个数学的世界。作决策之前，他们眼中都是由概率和赔率组成的数学期望。而已经发生的、我们所看到的，不过是之前概率公式的一个结果而已。优秀的投资人不会为这个结果感到或悲或喜，因为这些都在他们的预料之中，他们也都为此提前做好了准备。

1. 什么是概率思维

概率思维是一种基于概率理论的思考方式。它要求我们在面对不确定性时，不要简单地急于寻找一个确定的答案，而应该尝试评估各种可能结果的概率，并根据这些概率作出决策，其核心是接受和理解不确定性。

在现实世界中，很多事情不是绝对确定的，而是有一定的概率，投资人必须认识到这一点，并尝试用概率的方式来描述和处理投资的不确定性。

在投资过程中，概率思维的价值主要体现在以下几个方面。

（1）作出更好的决策。评估各种可能结果的概率，就能更好地理解决策的风险和收益，做出更好的决策。

（2）理解和处理不确定性。概率思维可以帮助投资人理解和处理不确定性，让投资人明白：不确定性并不是一件可怕的事情，而是一种常态，投资人可以通过概率的方式来描述和处理这种不确定性，而不是简单地避免或忽视它。

（3）持续学习和改进。概率思维强调的是概率，而不是确定性。这意味着，投资人可以通过学习和改进来提高预测的准确度，从而作出更好的决策。

2. 用概率思维指导投资决策

无论投资人是否意识到概率的存在，概率思维都在投资的过程中发挥着重要作用。

具体来说，有两个概念与概率思维相关，一个是胜率，一个是赔率。

胜率，是指某一决策取得成功的概率，即该决策模式成功的次数除以总体决策的次数。

赔率，通常是指根据某支球队某一段时间的表现所设定的买输买赢的比率。

从投资角度来讲，作投资决策时，当然是胜率越大越好，赔率越高越好，即决策正确的时候多赚钱，决策错误的时候少亏钱。但在市场有效的情况下，高胜率和高赔率往往不可能同时发生，投资人需要对胜率和赔率作出均衡选择，要么在高胜率的前提下接受低赔率，要么在低胜率的前提下争取高赔率。总之，要有所取舍。

当下，其实就是一个极好的投资时期，市场暂时失效，高胜率和高赔率可能同时出现，理性的投资人都不会慌不择路地逃跑，而是做好了长期投资的心理准备，拿出短期不用的资金进行投资。

3. 如何培养概率思维

在投资领域，投资人不仅要评估投资项目的潜在收益，还要评估这些收益的概率。通过概率思维，投资人就能了解投资的风险和收益，从而作出更好的投资决策。那么，我们应该如何培养概率思维呢？这里有如下建议。

（1）学习概率理论。概率思维建立在概率理论的基础上，学习概率理论，就能更好地理解概率，更准确地评估概率。

（2）接受不确定性。概率思维要求我们接受并理解不确定性。投资人应该明白，不确定性是现实世界的一部分，我们不能避免它，但可以通过概率的方式来描述和处理它。

（3）实践概率思维。概率思维不仅需要理论知识，还需要实践，投资人应在日常生活中尽可能地运用概率思维，直至真正掌握和理解它。

思维19. 非线性思维
——这是一种系统性、模糊性、非逻辑性的思维方式

说到线性思维，首先就要说说什么是线性思维模型。中国古话"小时候偷针，长大后偷金"就是一种线性思维模型，而"士别三日，当刮目相看"则是一种非线性思维模型。

非线性思维是一种系统性的、模糊性的、跳跃性的思维方式，要想成为投资高手，就要掌握这种思维。

苏世民是全球私募巨头黑石集团的联合创始人，1985年与彼得·彼得森以40万美元创建了黑石集团，并将其发展为华尔街真正的私募之王——

在美国排名前 50 的公司和养老基金中，70% 以上都有黑石的投资，他本人也被媒体称为"华尔街的新国王""私募界的巴菲特""美国房东"。

一直以来，苏世民以严谨的投资流程、创新的交易方式、多样的业务领域、做好每一件事而闻名。他以别具一格的投资原则和管理原则带领黑石集团一步步发展成为全球私募股权和房地产投资公司巨头。他说："成功就是充分利用你无法预测的那些罕见的机会，但抓住这些机会的前提是你必须时刻保持开放的思维、高度的警觉和严阵以待的姿态，并愿意接受重大变革。"

如今，投资人对杠杆收购交易的需求正在上升，但供应量有限，能够执行这些交易的人更是少之又少。对拥有特定技能的投资人来说，目前的情况可谓万事俱备，只差大胆出击，要抓住机会，不要错失良机，让他人捷足先登。

为了取得成功，投资人必须有打破边界的勇气，进军自己无权进入的行业和领域。如果失败了，你就承认失误和不足，然后从自己的愚蠢中吸取教训。仅凭借锲而不舍的意志力，投资人就可以让世界作出让步，获得自己想要的东西。

1. 什么是非线性思维

现实中，多数人喜欢通过线性思维去思考问题，尤其喜欢通过当下的情形去线性地预判未来的情形。比如，一个人今天看到池塘里开了 1 朵荷花，明天再看发现开了 2 朵荷花，后天看到池塘里开了 3 朵荷花，大后天看到荷塘里开了 4 朵荷花……他就会预测，第 30 天时池塘里会开 30 朵荷花。再如，竹子在前四五年可能只长了几厘米，但从第 5 年开始，每天能以 30 厘米的速度生长，这样 6 周就能长高 15 米。

但现实世界的事物大多不会呈现像上述这样简单的因果、线性的发展规律，现实世界中事物的发展既不是有序的，也不是可控的，而是时时刻刻呈现出非线性、零散的特点。这便要求我们要具备非线性思维。非线性思维能让我们根据场景灵活变通，跳出既有框架进行思考，从而让我们更容易获得成功。所以，要想取得投资的成功，就要运用非线性思维。

"非线性思维是创新的源泉"，能够让投资人打破常规，通过新的思路和方法发现投资机会，获得盈利。

2.非线性思维的核心

如图 4-1 所示函数 y=Ax+B，因此 x 变化，y 就会发生可预期的、均匀的变化。我们把这种单向的、均匀的、直线的思维方式称为线性思维。

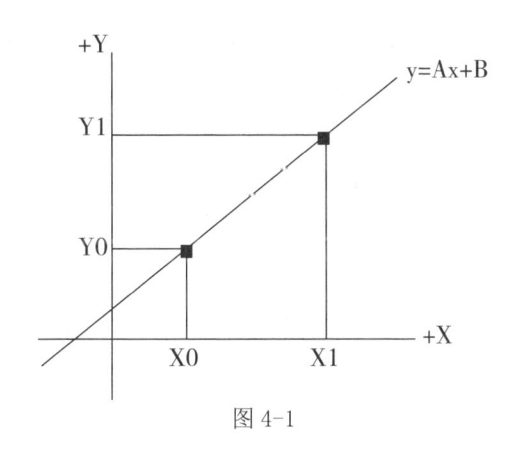

图 4-1

自古以来，社会都在不断变化发展，直至变成今天这个样子，因此在我们的大脑中，更倾向于用"线性"思维的方式来理解世界。比如，小时候父母教育我们"一分耕耘、一分收获"，可是，世界的本质并非是线性的，而是非线性的，"一分耕耘并非必须是一分收获"，一分耕耘可能没有收获，也可能带来十分收获。这显示了世界的复杂多变性。

现实世界的事物都是由各种复杂的物质组成的，物质之间相互作用，正是这种相互作用，使得整体不再是简单地等于个体之和，而可能会出现不同于线性叠加的增加或者减少，即会出现非线性、跳跃、不可精确预测等特征，这便是非线性思维的核心。

拥有非线性思维方式的人，能够理解引发事物质变的核心原因，会耐心等待由"量变到质变"的临界点的到来，然后获取质变期的巨大收益。

思维20. 延迟享受思维
——为了长远结果，放弃即时满足

查理·芒格认为，他的成功与"延迟满足感"有很大的关系。而现实中，很多成功的投资人最欣赏自己身上的特质也是"延迟满足感"，贝索斯甚至还将"长期视角"和"延迟满足"当作亚马逊长期成功的竞争优势之一。

有人曾问巴菲特："你的投资体系这么简单，为什么大家不直接复制你的做法？"

他回答："因为没人愿意慢慢地变富。"

那么，究竟什么是"延迟满足感"？为什么它如此重要？从心理上来说，"慢慢地变富"是一种"延迟满足感"，但比起长期等待，多数人往往更希望实现一夜暴富或短期获利。

说到"延迟满足感"，就不能不说经典的"斯坦福棉花糖"实验了。

20世纪60年代，斯坦福大学的米歇尔教授做了一个实验，给一群4岁的小孩每人一颗糖，并告诉他们，如果能够忍住15分钟不把这颗糖吃掉，他们就会得到两颗糖。尽管有奖励的承诺在先，但有些孩子按捺不住对糖的渴望，立刻就将糖吃了。另一些孩子则通过自言自语或唱歌来转移自己的注意力，最终在15分钟之后收获了两颗糖。此后，实验人员对接受实验的孩子进行了长达几十年的跟踪观察，发现那些能够忍住诱惑的孩子在未来的人生中目标更加明确，更能抵得住短期诱惑，也更容易取得事业上的成功。

这个实验揭示了"延迟满足感"的定义，即为了获得更有价值的长远结果而放弃即时的满足感，在等待中展示的一种自我控制能力。

这种"延迟满足"的自我控制能力，在投资上尤其需要。投资人要延迟自己短期获利的满足感，不为短期的波动所影响，坚持价值投资和长期投资，谋定而后动。一般来说，越成功的人越懂得延迟满足，而普通人则更在意即时满足。

比如，看视频时人们习惯于倍速或拖拽进度条观看；线上购物的时效越来越快；外卖、跑腿等服务方式的出现，让我们很快就能收到需要的物品。

可见，随着生活节奏的加快人们对曾经习惯等待的事物，在时间方面的容忍度变得越来越低。受生活习惯的影响，投资人在投资时也表现为对"一买就涨"的追求以及对暂时亏损的厌恶。牛市的时候，匆匆忙忙入市；市场一旦下跌，就又马上卖出，生怕慢了一步。就这样一路追涨杀跌。但股市随大溜，跟着大部分人的脚步走，又怎么能挣到钱呢？优秀的投资人都有足够的耐心和逆市操作的胆气。

长远的操作，虽然暂时看不到成果，但日积月累地坚持，就会收获惊喜。所以，在投资中，投资人尤其需要延迟满足的能力。

1. 延迟满足在投资中的重要性

在投资过程中，延迟满足的重要性主要体现在以下几个方面。

（1）耐心等待机会。投资人需要耐心等待市场中出现有价值的投资机会。投资人具有延迟满足的能力，面对充满诱惑的市场，就能保持冷静和理智，避免盲目追求短期收益而忽略长远的投资回报。

（2）长期投资。投资本质上是一种长期持有的行为，延迟满足能够让投资人克制短期的贪婪和恐慌情绪，专注于分析公司基本面和行业趋势，从而作出长期稳健的投资决策。

（3）分散风险。善于延迟满足的投资人通常更注重分散风险，不会将全部资金投入短期可能获得高回报的单一项目中。通过资产配置和适当地分散投资，就能降低投资组合的风险，实现长期稳定的收益。

（4）忍受短期波动。市场波动是常态，为了应对市场的起伏，投资人需要有足够的心理承受能力。投资人具备延迟满足能力，面临市场波动时就能保持冷静，不被短期利益驱使，避免在市场低点卖出或高点买入的情况。

（5）学习和成长。成功的投资人都会不断学习和积累经验。具备延迟满足能力的投资人往往更愿意在学习上投入时间和精力，提高自己的投资技能和知识储备，从而在长期的投资过程中取得更好的成绩。

总之，在投资中，延迟满足的能力有助于投资人保持理智和冷静，专注于长期价值创造，实现稳健和持续的投资回报。这种心理素质对于投资人在复杂多变的市场中取得成功至关重要。

2. 投资人怎样正确地延迟满足

（1）习惯成自然。既然延迟满足要求投资人在挑战和诱惑面前坚定不移，那最好的做法就是试着把这些积极的行为常态化。例如，我们每天刷牙洗脸不需要毅力，是因为已经养成了习惯，而多数人也不会在乎洗漱花费的几分钟时间。同样，对于其他需要延迟满足的事情也是如此。心理学上有一种"白熊现象"，是说越是需要克制的事情，人们往往越忍不住去想，甚至偷偷尝试。

想要打破这个怪圈，就要采取米歇尔提到的"如果……就"的办法。

简单来说，就是给自己设置明确的目标，不断重复延迟满足的行为，直到它们成为习惯为止。开始实践这个办法时会有些困难，但持续一段时间后，延迟满足就会变得不再那么痛苦，甚至还会开始沉迷于一个好习惯的养成。例如，2022年12月21日，更新了3652天的"罗胖60秒"落下帷幕，有人问罗振宇是如何坚持下来的。他说："最根本的答案还是，把目标转换成习惯。"

（2）合理设置目标。在养成延迟满足习惯的过程中，要设置合理的目标。事实证明，很多投资人之所以无法实现自己的投资计划，就是因为没有把握好目标优先级和阶段划分。

在设立投资目标时，多数人希望在三四十岁时就赚到足够多的钱。这是实实在在的诱惑，却不容易得偿所愿。

无论是芒格、巴菲特还是贝佐斯，这些我们眼中的成功者与富豪，都没有谁是一步登天的。在旁人看不见的地方，他们也在为了最终的胜利而延迟满足，不断积蓄力量。最关键的是，他们都没有好高骛远，而是设立合理的目标，一步步脚踏实地地完成计划。分层次地设立目标，不仅能帮助我们将需要完成的事情落到实处，也能让我们在漫长的延迟满足中获得阶段性的满足感，不至于过度焦虑，也不会因为目标太远而失去了行动力。

（3）及时强化。人类的意志力虽然具有强大的力量，但如同琴上的弦，绷得太紧，拉得太长，都容易完全失去弹性。延迟满足不等于"不满足",而是"理性地满足"。为了使延迟满足成为一件能长期坚持的事,必须给自己休息的空间,适时地用"即时满足"来强化自己的意志力。

为了实现目标而延迟满足的过程犹如一场马拉松,每个人都不免会有想要偷懒或者气馁的时候。及时地反馈或奖励,好似我们心灵的"补给站",能让我们迅速调整好状态,向着终点更顽强地奔跑下去。

思维21. 复利思维
——把有限的精力和财富持续投入某一领域

古人云:"不积跬步,无以至千里;不积小流,无以至江海。"这句话告诉我们,任何巨大成果的获得,都是从微小的进步开始的。微小、简单的事情重复做,终有一天,会积少成多、积沙成塔,收获满满。这某种程度上,体现了复利思维形成的过程。而《道德经》中的"合抱之木,生于毫末;九层之台,起于垒土;千里之行,始于足下"这句话则向我们形象地展现了复利的威力。

爱因斯坦亦说过:"复利是世界第八大奇迹。"

为了更好地理解复利思维,我们先来举个例子。

池塘中出现了一小块浮萍,它的生长速度很快,每天增长1倍,预计10天就能长满整个池塘。请问:第几天浮萍能长满半个池塘?答案是第9

天。也就是说，用9天时间浮萍只能覆盖池塘的一半，但第9天之后只需1天时间，池塘就能被浮萍全部覆盖。

可见，所谓复利，就是在每次计算的时候，将上一次产生的收益加入本金，再计算下一次的收益，也就是我们平时所说的"利滚利"。

举个现实中的例子。

假定某投资每年有10%的获利，若以单利计算，投资100万元，每年可赚10万元，10年可赚100万元，10年的投资回报是本金的1倍。但如果以复利计算，虽然年利率也是10%，但每年获利的金额却会不断增加。

同样是以100万元投资来计算：第1年赚10万元，第2年赚的却是110万元的10%，即11万元；第3年则是12.1万元；等到第10年，总投资获利将近160万元，是本金的1.6倍。

复利思维的核心，就是通过长期的坚持和积累，努力使事物实现指数级增长，其逻辑就是：做事情A，会导致结果B；而结果B，又会反过来加强事情A，如此不断循环加强。

复利思维不仅在投资和财富积累上发挥着至关重要的作用，也是个人在某领域取得成功的关键，多数成功者明白应用"时间复利"的巨大威力。巴菲特认为，财富积累就像滚雪球，找到一个足够长的坡，然后尽早开始。刚开始的时候虽然雪球很小，但只要往下滚的时间足够长，雪足够黏，最后雪球一定能大到令人难以想象。

股神巴菲特从14岁开始投资，那时他只有5000元；30岁的时候，他的身价上升到了 100 万美元；再后来，身价达到 584 亿美元。相对于年少时的自己，巴菲特一生中 99% 的财富都是在 50 岁以后通过复利积累赚到的。

的确，巴菲特是个传奇人物，他成功的秘诀之一就是愿意花一生的时间慢慢积累财富。一夜暴富，看别人简单，自己做起来却很难；慢慢赚钱，听起来难，做起来却很简单。只不过，世界上的多数人一心做着一夜暴富的梦，不愿意花时间来学习和提升自己。如果你不是"富二代"，没有很牛的人脉，却想成就一番事业，那么把精力聚焦在自己擅长的事情上，并长期坚持下去，实现复利般的发展和增长，是达到目的的途径。

对于投资获利，尤其如此。在有限的时间内，把有限的财富持续且反复地投入某一领域，让其形成收益的复利增长，并长期坚持下去，便能带来超乎想象的回报。例如，每月定投 1000 元到一个年化收益率为 6% 的基金中，坚持投资 30 年后，就能拥有超过 100 万元的财富。这就是复利的威力，它可以让小额投资在时间的推移下逐渐积累成巨大的财富。

时代在马不停蹄地向前走，每时每刻都会有新的变化产生。因此，要想获得复利，投资人就不能故步自封，要不断提升自己的知识开阔自己的思维，多认识和了解有关复利的思想和类型。在这里，笔者给大家介绍四种有关复利的类型，即认知的复利、心性的复利、资源的复利和收益的复利。

1. 认知的复利

我们做的所有事情都脱离不了自己的认知圈，投资人在投资交易中做的多数操作，也同样会受到个人认知的限制。

认知是动态的。出生时我们什么都不知道,之后随着教育和人生经历的持续积累,而获得各种认知。在接下来的生活实践中,我们会基于现有认知而行动,从而产生新的经验,形成新的认知。这本身就是一个复利的过程。

在投资中,获得认知复利有两个关键点。

(1)持续的经验输入。通过阅读获得的间接经验(知识是经验的一种类型),通过自身实践得到的直接经验,二者比较起来,直接经验印象更深刻,间接经验更高效迅速。此外,这两种经验还会相互影响,比如,即使是阅读同一本书,现在看和几年前看的感悟也会有很大的差别,原因就在于我们的直接经验和过去几年相比不同了。而这两种经验不断相互影响和碰撞,便会让我们的认知实现倍数级增长。因此,持续的经验输入,是获得认知复利的关键点之一。

(2)及时地归纳总结。在了解了书本中介绍的知识后及时进行归纳总结,独立思考,便会从中学到对自己有用的经验和知识。同样,对于自己的实践,也经常进行反思和总结从中吸取成功或失败的经验或教训,让自己不断获得成长。这种知识和经验的快速增长,又会在人的生活实践中被进一步融合,更好地指导人的实践,让人获得指数级的成长。因此,归纳总结亦是人实现认知复利的关键点之一。

2. 心性的复利

心性通常指的是人们的性情和性格等。投资人心态不好,不能控制自己的情绪,通常都很难取得成绩,即使这次侥幸,下次也有可能会在另外的地方栽跟头。

心性会随着时间的推移而不断变好或恶化，一次两次的过激、过躁、过于恐惧、过于兴奋等并不是大问题，但别忘了大风始于青萍之末，很多问题都来自细微之处，并会在时间的累积下逐步扩大，一旦发现，就要尽快解决，否则最后会变得无法修补和挽回。"千里之堤，溃于蚁穴"，投资人的心态也是如此。

慢慢对心性的磨炼其实是一个让心性逐渐产生复利的过程。心性复利的增长跟其他事物的复利增长模式一样，中间不能中断，否则"收益率"很可能就会变为负数，直至彻底衰落。

3. 资源的复利

在资本市场上，我们所说的资源通常指的是信息渠道和项目渠道，而项目资源更适合一级市场。因为一级市场的项目具有稀缺性和排他性，不在那个圈子，就可能接触不到那个项目。但在二级市场，项目的可投性对每个人来说都是公平的，投资人可以投资任何一家公司，因此对投资人来说，更重要的是信息渠道。

信息渠道主要源于两个途径，一个是人，另一个是物。

首先，在人的渠道方面，从现在市场的各种角色来看，主要包括以下几种。

一是上市公司端。参加股东大会或给他们发邮件、打电话，都能让投资人和融资公司产生联系，只要彼此联系多了，也就熟悉了，然后就有机会建立新的联系。

二是卖方分析师端。卖方分析师是融资公司和投资人的信息窗口，有时通过卖方，投资人能够更好地跟融资公司建立联系，不仅能获得二手调研资料，还能整理一些现有公开资料。

三是机构投资人或者大V之类的个人投资人。这些人会进行方法论的交流。因为多数人不会把他们准备买什么准确地告诉投资人，且对于机构来说，还涉及内幕消息，他们不敢说，投资人也不敢听。

其次，在物的渠道方面，主要涉及现有公开渠道的归纳或整理。

目前，互联网是投资人的核心渠道。如何利用网络上可得的网站、协会等获得投资人所需的数据，是投资人需要了解的问题。搜索引擎虽然是常用的方法，但每次都用搜索引擎，就会出现低效问题。所以，对各种网址、公众号、研究报告中的数据来源等进行归纳和整理，是投资人必然要做的工作，比如，要想了解汽车产销数据，可以看汽车工业协会及其公众号；要想了解光伏装机数据，可以看国家能源局统计数据；要想了解光伏产业链价格数据，可以看 Pv Infolink 等。查询得越多，看得越多，投资人知道的渠道就越多；知道的渠道越多，获得的信息就越及时，分析、研究和实践就会越发从容。

4.收益的复利

收益的复利是投资人关注的直接目标，其他的几项，从结果来看，都是手段。

获得复利增值方式一共有两种。

一是不轻易挪用原始资金，避免复利过程中断。这就要求投资人要尽量使用长期资金进行投资，然后提高认知和心性，不要轻易受外界影响，或遇到问题就慌乱，否则就很难坚守某个看好的项目或公司。

二是有一个能长期产生稳定正收益的投资项目。这里，需要投资人掌握专业能力和足够的信息。

总之，复利的思想并不复杂，先哲已经无数次强调："不积跬步，无以至千里；不积小流，无以成江海。"只不过，实践是另外的世界，因为在世事纷扰中，人们更容易迷失和懈怠。

思维22. "10+10+10"旁观思维模型
——犹豫时，想一下"10分钟后你会怎么看待自己现在的决策？"

选择投资项目的时候，如果你总是陷入纠结，其实是各种复杂情绪在影响你的判断。这些情绪往往是短期的，自己过段时间再看，发现其根本就不重要。

之所以说"旁观者清"，是因为旁观者没有当事人那么多复杂的情绪，更容易作出富有理性的判断。可是，投资人也不能什么事情都听从"旁观者"的意见，毕竟最了解情况的人还是自己。因此最好的办法，就是利用工具把自己想象成一个旁观者。

这里，介绍一个股神巴菲特一直在使用的决策工具，即决策"10+10+10"法则，就是在感到纠结而不知道如何决策的时候，问自己三个问题：

a. 如果我作了这个决定，10分钟后会有什么影响？

b. 如果我作了这个决定，10个月后会有什么影响？

c. 如果我作了这个决定，10年后会有什么影响？

从本质上来说，"10+10+10"和幸福密切相关。使用这种方法，就能排除扰乱和忧虑，便于投资人作出自信的抉择，更是救投资人于进退两难之际的解套方法。

首先，先要决定哪些议题必须解决，并用疑问的方式呈现："我该投资这个项目吗？""该等半年吗？"

其次，认真考虑所有选项，问自己在下列时间点会发生什么情况："未来10分钟？""未来10个月？""未来10年？"第1个10代表"当下"，就像1分钟、1小时或1周；第2个10代表未来的时间点，就是说，下决定后的初步反应已经过去，但后果会在未来某个时间点发酵；第3个10指的是10年后想要的生活，即使情况详细，依然很模糊。

最后，将搜集到的"数据"与自己的信仰、目标和梦想作比较，并扪心自问："以我对现有选项的认知，哪种决定最能协助创造我想要的生活？"

投资是一个需要冷静和理性思考的过程，情绪和性格偏好很容易成为投资人的死敌，导致非理性决策的出现。这里，我们来详细分析四种情况，并探讨如何摆脱情绪和性格的影响，实现完全理性的投资决策。

情况1：投资人被情绪和性格偏好左右，却不自知。

投资人容易被情绪和性格偏好左右，在投资决策中，就可能会受到恐惧、贪婪、焦虑或其他情绪的驱使，而不是基于理性和事实的分析。例如，当市场波动时，投资人可能会因恐惧而过度担心并作出错误的决策，错失投资良机。或者，投资人可能会因为贪婪而盲目追求高收益，从而忽视潜在的风险。在这种情况下，投资人就要认识到自己的情绪和性格偏好可能会影响决策，并积极寻求解决办法。

情况2：投资人意识到自己存在非理性决策，却无法确定哪些决策是理性的、哪些会受到情绪和性格偏好的影响。

投资人意识到自己存在非理性决策，决策时就会犹豫不决，或感到困惑不安。为了提高决策的理性度，投资人不仅要增加自己的投资知识和技巧，还可以接受专业意见和建议。此外，也可以尝试采用系统化的投资策略和规则，减少情绪和性格偏好对决策的影响。

情况3：投资人知道自己的情绪和性格偏好会影响决策，但仍然无法克制自己。

投资人知道自己的情绪和性格偏好会影响决策，却无法克制自己，多半是因为他们对自己的情绪和性格缺乏足够的了解或缺乏自控能力。这时，投资人就可以寻求专业心理咨询的帮助，更好地了解自己的情绪和性格，并学会控制自己的决策。此外，还可以利用行为经济学和心理学的原理，采取一些措施来降低情绪和性格的影响，如设置限制和纪律、与他人分享决策等。

情况4：投资人的投资决策完全理性。

当投资人能够客观地分析市场情况和数据，并冷静地作出决策时，就可以达到这种理性水平。而要想做到这一点，就要具备扎实的投资知识和经验，以及良好的情绪管理和自我控制能力。此外，还应该保持谨慎和长期的投资观念，避免冲动和短期的投机行为。

总之，在投资过程中，投资人需要克服情绪和性格偏好的影响，理性地进行投资决策。投资人只要不断地学习和自我提高，就可以逐步改善自己的决策能力，更好地应对情绪和性格上的挑战。

思维23. 黄金圈思维
——从Why出发，思考How，得到What

脸谱创始人扎克伯克就很擅长这种黄金圈思维模式。

2015年，扎克伯克在清华大学经管学院做过一次中文演讲，题目叫"如何改变世界"。在演讲中，他讲了三个故事：

第一个故事是自己为什么要做脸谱，为什么想改变世界；

第二个故事讲的是如何改变世界，其认为关键是专注；

第三个故事讲的是做什么，他呼吁大家向前看，不要放弃，要一直向前看。

最后，他说大家都可以通过互联网改变世界，成为全球的领导者。

其实，扎克伯克就是运用黄金圈思维叙述了一个宏大主题。黄金圈思维，可以帮助我们找到人生的价值感和目标方向，以及找到可执行的路径。这也是黄金圈思维模式的本质。

普通人的表达顺序是"是什么—为什么—怎么办"，黄金圈思维却要求我们把这个顺序反过来。先说"为什么"，也就是你的目标、信念或愿景；再说"怎么做"，也就是计划、路径或资源；最后说具体的"做什么"或"是什么"。这里，"为什么"部分是最容易打动人，也是最容易出彩的。

当然，这种表达顺序也符合人脑的生理结构。只要稍微了解人类大脑结构的人就知道，人的大脑可以分为生理脑、情绪脑和理性脑。其中，生理脑和情绪脑更接近动物本能，更感性，也更容易被影响。黄金圈思维模式从一开始就对准了人的生理脑和情绪脑，绕过理性脑，直接对人的生理和情感需求发起攻击。这样，更容易激起人的生理和情绪反应，让人热血上涌，引发共鸣，令他们对投资人的演讲内容作出反应。

1. 黄金圈法则

黄金圈法则最早是由管理学家西蒙·斯涅克在其著作《从"为什么"

开始》（Start with Why）中提出的。该模型的核心是一个"黄金"圆圈，包括"为什么"（Why）、"怎么"（How）和"什么"（What）三个层次。根据斯涅克的理论，成功领导者之所以独特，是因为他们首先能回答"为什么"，而不仅仅是关注"怎么"和"什么"。

黄金圈法则包括三个层次：为什么（Why）、如何（How）和什么（What）。

（1）为什么（Why）。即思考为什么这么做，探究事物的本质。成功就是99%的意愿加1%的方法，只要意愿足够强烈，就能找到做成这件事的所有方法。所以，在这个阶段，投资人更应关注的是"自己是否有清晰坚定的人生方向和主航道"，并形成每个事项的优先次序；知道"什么事对自己真正重要"，因为重要的事情，人们通常都会努力完成。

（2）如何做（How）。即采用什么方法与措施能够将想做的事情做好。问了自己"为什么"做，明白了做事的本质原因，就会思考"怎么做"。该圈层的主要任务是梳理如何实现Why，以及采用什么方式能够落实你的理念和价值观。

（3）做什么（What）。即具体怎么做。知道了"为什么做"，知道了"怎样做"，接下来就要按照制订的计划把想做的事情做成功。

这个法则，揭示了普通人和精英人士思维方式的不同：普通人做事，习惯于由外向内，先表象，后措施，最后是原因，即 What ＞ How ＞ Why 的思考层次。精英人士做事，则是由内向外，先从"为什么"开始，然后是"如何做",最后才是"做什么",即 Why > How > What 的思考层次。

《教父》中有一句经典的台词:"花半秒钟就看透事情本质的人,和花一辈子也看不清事物本质的人,注定是截然不同的命运。"个人的思考层次不同,结果也就不同,一些组织和领导者自然就能在别人做不到的地方激发灵感和潜力。

在这个黄金圆环上从外向内沟通时,人们能理解大量的信息,如特点、好处、事实和图表,却无法激发起他们的行动力。而当我们从内向外沟通时,就能直接与大脑中控制行动的部分沟通,然后再理性地考虑"怎样"和"什么",这也是那些勇敢大胆决策的来源。

使用黄金圈法则时要注意以下几个事项。

(1)强调追求核心原因。坚持黄金圈法则,投资人就能从问题的核心出发,而不仅仅是关注表面现象,就能更全面地分析问题,并找到解决方案。

(2)不断反思与探索。使用黄金圈法则时,投资人应保持开放的心态,不断反思和探索问题的深层次原因以及潜在的解决方法。

(3)进行多维度思考。黄金圈法则要求投资人从不同的角度看待问题,一般可以和头脑风暴相结合,尝试从不同的视角进行思考,找到更全面、更富创新性的解决方案。

(4)灵活性和实践性。使用黄金圈法则时,投资人要根据具体情况和问题的特点,灵活调整方法和策略。

2.黄金圈法则在项目投资中的应用

（1）明确投资目标（Why）。在开始寻找投资机会之前，首先要明确自己的投资目标。这些目标可以是财务上的（如追求高回报），也可以是非财务上的（如战略合作或市场进入）。明确了投资目标，投资人在寻找投资机会时，就能保持专注，并有助于评估潜在投资的风险和回报。

（2）制定投资策略（How）。根据投资目标，制定相应的投资策略，主要包括对潜在投资公司的筛选标准、估值方法、投资结构、风险控制等方面进行规划。制定投资策略，在面对很多投资机会时，投资人就能保持理性，减少决策的盲目性和不确定性。

（3）收集市场和公司信息（What）。通过各种渠道收集与潜在投资公司相关的市场和公司信息，有助于投资人对潜在投资公司进行全面的了解和分析。这些信息包括行业趋势、市场竞争、公司财务状况、业务模式、管理团队等。

（4）分析公司价值（Why）。根据收集到的信息，对潜在投资公司的价值进行评估，这有助于投资人更好地了解投资公司的真实状况，并作出更明智的决策。可以通过财务分析、市场分析、行业分析、技术分析等方式进行。

（5）筛选和评估潜在投资公司（What）。根据投资策略和公司价值评估结果，筛选出符合要求的潜在投资公司。然后，对这些公司进行进一步的评估，包括尽职调查、估值分析、风险评估等。通过筛选和评估，确定最终的投资对象。

（6）制订投资方案（How）。根据最终的投资对象和评估结果，制订具体的投资方案，便于投资人在实施投资计划时更加明确和具体化。这包括投资金额、股权比例、投资方式、退出机制等。

（7）执行投资计划（What）。按照制订的投资方案，执行具体的投资计划，包括与目标公司进行谈判、签订协议、完成交易等步骤。在执行过程中，投资人还要根据市场变化和公司表现及时调整投资计划，确保与其投资目标相匹配。

（8）跟踪和监控投资（Why）。完成投资后，投资人要对所投公司进行持续的跟踪和监控，包括关注公司的经营状况、财务表现、市场发展等，以及监督公司的管理团队是否按照预期执行计划。通过跟踪和监控，及时发现并解决潜在问题，以确保投资的顺利进行。

总之，在投资过程中，运用黄金圈法则，投资人就能更好地明确自己的投资目标、制定相应的投资策略、收集和分析市场与公司信息、筛选和评估潜在投资公司、制订具体的投资方案并执行计划。同时，通过持续的跟踪和监控，还能保证投资的顺利进行，并实现预期的投资目标。

思维24. 笛卡儿思维模型
——批判性思维，大胆质疑一切

笛卡儿是一个伟大的哲学家，他提出了一个大胆的观点："你怎么能证明这个世界是真实的？这个世界有什么是不能被怀疑的？"思考良久之后，他意识到，只有一件事不能被证明，那就是"我在怀疑、在思考这件事"，即"I think, therefore I am"（我思，故我在）。

这种勇敢质疑一切的思维，就是批判性思维。

笛卡儿思维模型，是由法国哲学家笛卡儿提出的一种思维方式和方法，有助于投资人更有效地作出决策、解决问题等。这种思维模型以"分析思维"为核心，强调了信息的分解、简化、分类和排序等过程，可以帮助人们更好地理解复杂问题和掌握问题的集合结构。

在笛卡儿思维模型中，我们需要将一个复杂的问题或概念分解成更简单的部分或因素来逐一进行分析和思考。此外，笛卡儿思维模型还强调了事实的重要性，即在进行决策或解决问题时，投资人要基于实际可验证的事实和数据，不能仅依据主观的偏见和想法。

1. 笛卡儿思维模型的内容

笛卡儿思维模型起源于怀疑论，即勇于质疑、不盲从，是寻求真理的好方法。在具体实践中，主要分为四个步骤。

第一步：保持怀疑。即遇到任何事情、任何观点，都要学会批判性思考，看该观点是否正确。

第二步：分解分析。即尽可能地把观点和问题等分解成若干部分，找到其内部的自然结构，比如：该观点的前提假设是什么？有几个？大前提是什么？小前提又是什么？逻辑上是怎么推演的？

第三步：统一整合。对分解的问题区分层次，即哪个是大前提，哪个是小前提？怎样一步步推演，辨别其中的真假。

第四步：完善检验。从大前提、小前提、推演过程中，审视整个逻辑推演框架，并对这个思考过程进行实践、考察和完善，从而获得一个经过检验的结果。

将笛卡儿思维模型运用到解决生活和工作问题上，就能培养自己的理性思考思维习惯，提高质疑能力，并通过分析分解、统一整合和实践检验等，获得行之有效的方案。

2. 笛卡儿思维模型的价值和意义

（1）可以帮助投资人提高批判性思维能力，避免盲从和偏见。保持怀疑的态度，就能对任何事情、任何观点进行批判性思考，不轻信或拒绝，积极寻求证据和逻辑。

（2）可以帮助投资人在信息过载的时代筛选出有用的信息，避免被误导和欺骗。通过分解分析的方法，把观点或问题分解成若干部分，找到内部的自然结构和前提假设，然后对其进行审视和评估。

（3）可以帮助投资人有条理地分析和解决复杂多变的问题，避免陷入困境和迷茫。通过统一整合和完善检验的步骤，就能对分解的问题区分层次，并进行逻辑推演和实践考察，从而获得一个经过检验的结果。

3.笛卡儿思维模型的投资运用

在投资领域运用笛卡尔思维模型，共包括以下四个步骤。

第一步：对投资项目保持怀疑。

对投资项目保持怀疑的态度，就能对与项目相关的问题或观点进行批判性思考，积极寻求证据和逻辑。

投资人可以用以下问题来引导怀疑：

——这个问题或观点来自哪里？有什么来源或依据？

——这个问题或观点是如何定义的？有什么标准或范围？

——这个问题或观点是如何推理的？有什么逻辑或方法？

——这个问题或观点是如何验证的？有什么数据或实验？

——这个问题或观点有什么假设或前提？有什么局限或条件？

通过这样的怀疑，就能避免盲从和偏见，提高投资人的思辨能力，为下一步的分析和整合提前做好准备。

第二步：将投资中涉及的问题进行分解分析。

将投资中涉及的问题进行分解分析，就能把观点或问题拆分成更小的部分，找出其中的逻辑结构和前提假设。

投资人可以用以下问题来引导自己进行分解分析：

a. 这个观点或问题由哪些部分组成？

b. 这些部分之间有什么关系？

c. 这些部分有什么证据或理由支持？

d. 这些部分有什么潜在的偏见或误解？

e. 这些部分是否完整、清晰、一致？

通过这样的分析，投资人就能深入地理解观点或问题的本质，发现其中的优点和缺点，为下一步的整合和检验做好准备。

第三步：将投资中遇到的问题进行整合。

将投资中遇到的问题进行整合，就能将分解后的部分重新组合成一个完整的观点或问题，同时考虑不同层次和角度的因素。

投资人可以用以下问题来引导自己进行问题整合：

a. 这些部分之间有什么内在的联系和逻辑？

b. 这些部分之间有什么矛盾或冲突？

c. 这些部分之间有什么互补或协调？

d. 这些部分是否能够构成一个有说服力和合理性的观点或问题？

通过这样的整合，投资人就能更全面地评估观点或问题的价值，发现其中的优势和劣势，为下一步的完善和检验做好准备。

第四步：进行完善和检验。

通过完善和检验，就能对整合后的观点或问题进行最终的审查和修正，同时考虑实际情况和可能性。

投资人可以用以下问题引导自己进行完善和检验：

a. 这个观点或问题是否符合事实和逻辑？

b. 这个观点或问题是否有足够的证据和理由予以支持？

c. 这个观点或问题是否有潜在的漏洞或风险？

d. 这个观点或问题是否能够应用于实际？

通过这样的检验，投资人就能更准确地验证观点或问题的正确性，发现其中的不足或需要改进的地方，为最终得出结论和行动做好准备。

第五章
卓越投资思维的关键理念

思维25. 先为不败
——要想获得胜利，须先学会如何避免失败

在投资界有一句流传已久的话："投资界里有老投资人，有胆大的投资人，但没有又老又胆大的投资人。"真正的投资高手大多是保守派，他们不会片面地追求高回报，也不会完全回避风险，而是更重视风险控制，聪明地承担风险，避免失败。

巴菲特曾说过："投资主要是在于避免作出愚蠢的决策，而不是在于作出几个非凡的英明决策。"投资大师之所以成为大师，依赖的就是少犯错，即使出现失误，他们也知道如何避免致命的错误，失误之后能够快速止损或补救，取得整体的胜利。

打网球时，致命的发球和强有力的反手球能赢得很多分，但这些技术带来的任何优势都可能被加倍的失误和自己的错误抵消掉。在五局比赛结束的时候，往往是失误少的选手获胜。仅仅是始终如一地把球回过网，无论对手打出什么球，你都可以大量得分。投资与之极其相似。除非你知道怎样避免投资中最常见的错误，否则投资回报不可能太高，且获得收益刚够补偿少数的几个大失误所造成的损失。

投资就是规范自己少犯错误的过程，却需要投资人通过犯错来总结经验和教训。所以，投资过程中最宝贵的不是成功经验，而是失败的教训。投资人会识别错误、规避失败，比会发现价值、抓住机会更重要，反向思维自然也就成了投资的重要法则。

现实中，多数投资人更关心如何在投资上成功，真正聪明的人最关心的却是为什么多数人投资失败了。投资的时候，投资人总希望抓住每一次赚钱的机会，想要战胜对手，战胜市场，但很多投资大师认为，投资是一场输家的游戏，比的不是谁能赢得多，而是谁能输得少。

强强相遇勇者胜，两弱相遇稳者胜！对多数普通投资人来说，投资就是一场输家的游戏，取胜的关键就是避免失败，投资人的首要目标应为"求不败"，而非"求胜"。

比起抓住每一次投资机会，投资中更重要的是避免出现永不可逆的失败。这是所有专业投资人的立根之本，也与《孙子兵法》中"先胜而后战"的思想精髓不谋而合。"胜"的背后就是"败"，一心求胜，同时也会增加失败的可能性；而"不败"的背后是"不胜"，尽力排除败的可能性，剩下的就只有"胜"或"不胜"了。

投资的目标自然是"求胜"，但对目标过于执着，会让投资人心浮气躁、视野狭窄、思维僵化。"不得贪胜"并不是让投资人放弃"求胜"之心，而是要时刻保持头脑冷静，抵制各种诱惑，认清自己，发挥自己最大的潜能。

投资是为了获利，但投资首先是输的艺术，要考虑的是如何管理风险。风险控制的最高境界是投资人的内在自我控制，"从心所欲不逾矩"；其次是被动防守和辅助性的外在管理；最后是强制性风控。对每一次交易的输赢得失看得淡一些，从更长远的角度理性地看待投资成败，更注重交易过程、交易行为的合理性和逻辑性，反而更能作出理智的决策，对投资结果有更正面的价值。

标准在先，未战而先胜。打开电脑之前优秀投资人都知道想要观察什么，哪些变化是非常重要的，哪些变化是没有意义的，什么情况下应该果断行动，不会对市场价格涨跌作出反应，这也是投资人必须具备的基本思维模式和行为习惯。

投资人交易的不是市场，而是规则；规则不是来自市场，而是来自投资人的理论、模型和假设给市场的定位。投资人要做过程论者，坚信过程的完整和完美，结果通常都不差；过程不完整、不完美，即使结果再好，也无法长时间持续。

1. 择价

投资赚钱的本质是低买高卖，即使是优质资产，以高出其真实价值的价格购买，也无法盈利。

有些投资人可能会说："这个道理谁不懂呢？"对，相信多数人懂这个道理。但问题是：你知道资产的低价到底应该多低吗？有几个人能回答这个问题？

以股价为例，在财务金融领域，早已出现了较为成熟的股价计算模型，但这些模型通常需要依靠假设条件，几乎没有人能准确判断假设条件的正确性。这也就是没人能通过精准地计算股价获取盈利的原因。只有经验丰富的专业人士，才能让假设变得更为合理，投资收益才能超越多数投资人。

无论是股市还是楼市，永远存在价格之谜，只有破解这个难题，找到真正的低价，才有机会赚钱。

2. 择时

世界上不存在精准的股价计算公式，如何才能找到低价呢？这就需要择时和择人。

择时是指，选择合适的时机。打仗需要天时地利人和，投资也要择时。投资的时机是什么呢？答案是市场淡季。

之所以要选择淡季，最主要的原因是淡季更容易出现低价的优质资产，才能通过赚取差价获利。

那什么时候才是淡季呢？有两个时机。

第一个时机。最佳时机是经济周期的淡季。也就是在一个经济周期内市场相对低迷的时间。比如，目前房地产、股票市场都属于淡季。交易量大幅下降，便形成了经济周期的淡季。其实，在这样的时期，更容易出现低价的优质资产。以房地产为例，这时房子供大于求，形成了买方市场，卖房子的人承受了巨大的心理压力，很可能为了尽快变现，宁愿低价出售。

第二个时机。次佳的时机是旺季中的淡季。即使是在经济周期的旺季，也存在淡季，比如，冬季是房地产投资的淡季，因为此时人们还没有拿到年终奖，手头还不是特别宽裕。即使拿到年终奖，在大城市打拼的外地人也要准备回家过年，无暇顾及买房。这样，也会在一定程度上形成买方市场，相对来说价格是一年中的低点。

当然，择时原则上是先考虑经济周期的淡季，然后考虑旺季中的淡季。除非万不得已，比如，刚需买房可以反向操作，其他时间都可以按照这个顺序来投资。

3. 择人

如果你不是专业投资人，就需要向专业人士咨询。毕竟三个臭皮匠顶个诸葛亮，更何况是专业人士！

那么，需要找什么样的专业人士呢？找已经通过投资实现可观盈利的人，他们给出的建议才更可信，这就是巴菲特的午餐值钱的原因。相比之下，中介、所谓的专家、机构的话都不太可信，主要是因为他们都无法用事实说话。

择人的逻辑是："凭什么听你的建议？除非你的建议让你取得了不朽的成就，我才能相信你。如果你连自己都不相信、不践行，或践行后没有效果，休想让我相信！"但现实是，很多投资项目少不了找中介或销售顾问。我的建议是，你可以请他帮忙介绍项目或寻找融资企业，但他绝不是可以帮你作决策的人，除非他已经在该领域或该项目上赚得盆满钵满，但如果对方已经达到了这样优秀的程度，想必他们也不会从事这个职业了。

挣钱不易，守钱更难！如果你立志投资赚钱，请一定要多想想"择价、择时、择人"这六字箴言，相信会对你大有裨益。

思维26. 守正第一
——保持一颗平静的心，才是制胜的秘诀

能够无视种种诱惑，自始至终都保持一颗平静的心，才是投资制胜的秘诀。比如，巴菲特投资之所以能取得成功并非偶然，而是源于他内心的平静。

在股市中，情绪是一个非常危险的因素。贪婪和恐惧会让我们作出错误的决策，比如，当市场风起云涌时，很多人会急于抄底或者追涨；而当市场崩盘时，又会惊慌失措地抛售股票。巴菲特却告诉我们要保持内心的平静，不要被情绪左右，要以理性的态度去面对市场波动，才能保持冷静，作出明智的投资决策。

记住，投资需要保持一颗平静的心，才能不被眼前的浮动迷惑。

在投资实践中，投资人会看到很多的"事与愿违"。例如，投资人可能会自然而然地认为获得10% ~ 20%的年化收益并不难，但实践表明，

在长时间的"股海"沉浮中，多数股民都是"一赚二平七亏钱"。又如，投资人想提高投资效率，想抓住市场脉络的轮动切换，但最后往往连本金都保不住。再如，基于长期作出的投资决策，不仅长期能赚到钱，短期也能赚到钱。而基于短期作出投资决策，往往短期赚不到钱。主要原因就在于"欲速则不达"。

查理·芒格说："人生最难的事，是慢慢地赚钱。"面对资本市场的诱惑，想要赚快钱是人的本性，而真正的投资人都懂得"呆若木鸡"。他们会将好胜心气压下去，让自己不为"飞鸟"所扰动，真正沉下心来，感知世界的运行规律，然后像敏锐的老鹰一样，精准地抓住真正的大猎物。

巴菲特也说过："我们要假设一生只能投10个公司，这样，每投资一家公司，都会非常谨慎、小心求证和深入分析，大幅提高结论的准确性。"

当然，要想达到以上境界非常难，故而也就有了"最难的是'知行合一'"的说法。因为正确的"知"往往意味着反人性的"行"，多数人却很难忍受反人性的做法，有时反而"愚钝"如阿甘者，才能纯粹简单且坚韧不拔，才是真正地有大智慧。

理性的投资人绝不会做自身能力以外的事情，哪怕这样的赌博有利可图。这种不理智的行为会打破内心世界的宁静，放纵自己的欲望，让投资人陷入市场给他的贪婪挖下的陷阱。

当然，守心并不是简单地等待机会，而是守护自身灵魂的纯粹和对投资信仰的忠贞。让投资人心甘情愿地做一个傻子很难，只有不断地做减法，用规则来约束自己的欲望，投资人的思维和心态才能从杂多走向纯粹，从复杂走向单纯。

1.投资要少些虚荣心

投资人保持一颗平静的心，才能更客观和冷静地看待市场机会。因为市场上到处都是可以让投资人心猿意马和激动的外部刺激，稍有异动就情绪化，大脑迟早会因长期充血而提早退休。

各种炫耀类的行为只能满足投资人的虚荣心，让他沉浸于自我陶醉和自我满足（"贪、嗔、痴、慢、疑"中的"慢"）。这两点对于投资来讲都是致命的，都会造成主客观的偏离，让投资人忽视了投资风险。

在投资中，虚荣常常有不同的表现，即使形态不同，本质却也一样。举几个例子。

（1）你跟朋友聊投资，说得头头是道，总有说不完的话，似乎自己无所不知、无所不晓，对方却插不上话，一旦对方表示积极的"认同态度"，你就会显得更加得意扬扬。

（2）投资上取得了成绩，你却认为主要是因为自己能力强，而将投资中遇到的失利都当作运气差，根本就不进行反思。

（3）其他人稍微否定一下你的观点，你就情绪激动，总想要跟对方争个谁对谁错。

（4）刚取得一点成绩，就恨不得让天下人都知道。

上述的这些问题经常发生在初学者身上。时间与经历会告诉我们，哪些是我们要做的，哪些是我们需要避免的，但不同的人需要付出的代价不同，我们要做的就是降低代价。

2. 投资要保持平常心

投资平常心是指在进行投资时，投资人保持冷静、理性和客观的态度，不被市场的短期波动干扰，也不受个人情绪的影响，作出更为明智和稳健的投资决策。

在投资过程中，投资人会面临各种不确定性和风险，如市场波动、政策变化、公司业绩波动等。这些因素都可能让投资人的情绪产生波动，从而影响投资决策的准确性和效果。因此，保持平常心对于投资人来说非常重要。

对投资人来说，保持平常心的重要性主要表现为如下方面。

（1）降低情绪干扰。投资市场会受到各种因素的影响，包括宏观经济环境、政策变动、市场情绪等。这些因素会带来市场波动，让投资人变得恐慌或贪婪。投资人保持平常心，面对市场波动时，就能保持冷静，避免被情绪左右，作出更加理性和客观的投资决策。

（2）长期投资视角。拥有平常心的投资人更容易从长期的角度看待投资，不会过分关注短期的市场波动；忽视短期内的市场噪声，专注于长期的投资目标和价值，实现稳健的投资回报。

（3）减少过度交易。过度交易往往源于市场情绪对投资人的影响，频繁买卖投资产品，不仅会导致交易成本增加，还可能错失长期收益。保持平常心，有助于投资人减少过度交易行为，从而降低交易成本，提高投资效率。

（4）增强风险意识。拥有平常心，投资人就会更加关注风险管理，避免盲目追求高收益而忽视潜在风险。通过合理评估投资风险，制定有效的风险控制策略，投资人就能更好地保护自己的投资本金和收益。

（5）提升投资幸福感。面对市场波动，保持平常心的投资人能够保持心态平和，减少焦虑和压力，继而提升幸福感，更加享受投资过程，而不过分关注短期的得失。

总之，投资人的平常心对于降低情绪干扰、保持长期投资视角、减少过度交易、增强风险意识以及提升投资幸福感等方面都具有重要意义。因此，为了应对市场上的各种挑战和变化，投资人在投资过程中就要努力保持一颗平常心。

思维27. 修心为上
——全身心投入一个事物

长期做股票投资的人都明白，任何一次买卖交易的前提，都是对其基本面的认真分析加上市场的配合程度。无论是内地股市、香港股市，还是海外市场，甚至在任何一个板块，优秀和专注的投资人往往能获得可观的利润。不是他们有多聪明，而是因为他们的目标范围足够小，且个人足够专注。

做投资，也是同样的道理。无论是A股、港股，还是海外市场，投资人往往都想参与，甚至每个板块都想参与，到最后每个板块或每只股票都可能或多或少地知道一点。但是，投资人想看的和需要学习的东西太多，全而不精，如果最终确实能赚钱，收益率也一定不会很高。

2013年《奥马哈世界先驱报》的一篇文章，讲了这样一个故事。

有一次，巴菲特加入了伯克希尔的投资经理托德·库姆斯在哥伦比亚教的一节课。

学生问巴菲特，该如何为投资的职业生涯做准备。

巴菲特抓了一沓厚厚的报告与文件，回答道："像这样每天读500

页……知识就是这么运转的。知识会累积，如复合利润。你们所有人都能办到，但我保证你们没多少人会去做。"

如果阅读本身还无法证明巴菲特的专注力，他还在1993年的股东信中提道，"当然，我们在这一年里会驻足于一个好点子"。一个大的想法和每年阅读182500页书。这就是专注力。

投资，是比拼眼力、耐力和定力的过程，急功近利者很容易被震荡出局。要想获得长期稳定的收益，就要专注于研究与交易等重要事务上，无论眼前的工作或大或小，市场行情或强或弱，都能将意志贯注其中，死心塌地地做好一件事。长期坚持下来，就会发现，只要经历这样一个过程，你就成功了。

荀子在《劝学》中讲："故不积跬步，无以至千里；不积小流，无以致江海。骐骥一跃，不能十步；驽马十驾，功在不舍。锲而舍之，朽木不折；锲而不舍，金石可镂。"能够到达金字塔顶端的动物只有两种：一种是雄鹰，一种是蜗牛。而慢吞吞的蜗牛之所以能够爬上去，是因为它认准了自己的方向，专注于攀爬，从不顾及其他。投资人将自己定位为蜗牛，专注、执着，朝着 个方向、一条路径前进，就已足够。

1.专注在投资领域的积极意义

所谓专注，就是将注意力集中在特定事物上，忽略其他干扰因素的能力。

在投资中，专注力是不可或缺的品质，投资人要保持对投资计划的纯洁性和一致性，不受外界干扰或变数的影响。投资市场充满了各种干扰和变数，投资人要保持冷静和清晰的思维，无论是市场噪声、投资建议，还是投资人的情绪波动，专注的投资人都能从中筛选出对自己投资计划有利的信息，并忽略掉无关或负面的信息。

同时，专注也意味着坚持投资计划的一致性。制订投资计划时，投资人要明确自己的投资目标、风险容忍度和时间框架。专注的投资人会遵守自己设定的规则，从不轻易改变投资策略。

专注有助于建立更稳定和长期回报的投资组合。专注于特定投资方向或风格，投资人就能在相应领域积累专业知识和经验，发现并利用更多的投资机会和趋势。

巴菲特以长期持有和价值投资战略而闻名，他专注于长期投资和细致分析，极其强调专注的重要性。那专注力究竟对投资有多重要呢？

（1）从压强定律（$P=F/S$）的角度来看，专注是取得投资成就的关键。根据压强定律，集中精力的专注程度与获得的成果成正比，投资人专注于一个项目，就能最大限度地发挥自己的能力和才干，取得更好的投资结果；相反，分散注意力，则会削弱投资人的表现和效率。

（2）专注能带来规模优势。反复投资某个领域或项目，投资人就能积累更多的专业知识和技能，成为该领域的专家。这种专注和深耕能够给投资人带来丰富的经验和独特的见解，进而提高我们在特定领域的竞争力。

（3）在心理学角度上，当投资人专注并在某个领域获得局部优势时，能感受到满满的成就感和满足感，继而激发出内在动机，使投资人更有自信地追求更高的目标。一旦感受到自己的能力和实力，投资人就能激发出更多的潜力和动力，继续追求更好的投资结果。

2.提高投资的专注力

只有专注于自己的投资计划，投资人才能更好地控制风险，实现长期稳定的投资回报。那么，如何才能提高专注力呢？

首先，要想养成专注于投资的好习惯，投资人需要不断地练习和培养，定期回顾和评估自己的投资计划，保持良好的情绪管理。

其次，投资人要反复感受、学习和更正，深刻理解并在实践中加以运用，更深入地了解和把握所选项目中的机会和风险，发现自己的投资优势，找到适合自己的投资领域，并坚持下去。

再次，投资人要深入地研究和了解相关行业和公司，提高分析和评估能力，更准确地判断投资机会和风险。

最后，在专注于特定方向时，投资人要尽量避免决策混乱和错误，作出更明智的投资决策。

思维28. 以人为本
——找到正确的人远比找到正确的商业模式更重要

2008年比亚迪还处于"刀耕火种"的时代，在那个只能制造电池、仿制汽车、代工手机、手敲大巴的时代，巴菲特就大手笔入股比亚迪近10个点。

巴菲特曾在公开场合说过，自己不会投资四个轮子的东西，因为美国的汽车史清楚地告诉他，投资汽车业没有前途。这次，他为什么会改口呢？其实，投资比亚迪是查理·芒格的主意，而芒格则是从弟子李录那里了解到的比亚迪。

芒格看到了电动车时代的未来，电池是最核心的因素，而比亚迪不仅自己能制造电池，还能造车，这两点优势是其他汽车企业所不具备的。为了说服巴菲特，芒格想了很多办法。

第一次，芒格给巴菲特打电话，说要投资比亚迪，巴菲特问为什么。芒格说，因为比亚迪的创始人王传福是个发明大王，极富创造力。巴菲特没同意，也没有完全理解。

第二次，芒格继续给巴菲特打电话，说要投资比亚迪，巴菲特问理由。芒格说，比亚迪的王传福就是美国的爱迪生和杰克·韦尔奇的合体，不仅是个伟大的发明家，还是个杰出的企业家。这一次，巴菲特同意了。

2008年全球金融危机处于低点，巴菲特却毅然决然地投资了比亚迪，股价是1美元，约合港币8元。今天股价300元以上，14年过后，盈利约35倍。

巴菲特投资比亚迪之所以能够取得成功，是因为站在了未来的风口上，更重要的是，他选中了王传福，一个有巨大发明能力的企业家。

投企业，根本上还是投人，投人的能力，如发明能力、管理能力或营销能力等。企业领导人始终是企业最根本的因素，企业90%的价值创造都来自企业领导人的能力。如果没有马斯克，多半人不会投特斯拉。因为没有人能够像马斯克一样带领特斯拉熬过艰难的创业低谷期。马斯克强大的忍耐力和天马行空的创造力决定了特斯拉能够熬过电动车的荒漠时期，走向时代的洪流。

投资人购买特斯拉的股票，其实就是在投资马斯克，看好马斯克，认可马斯克。投资人只有真正理解和懂得马斯克，才能在特斯拉股价最低迷的时候，坚定地持有特斯拉的股票，因为他们知道，在电动车就是未来的时代，没有人能比马斯克做得更好。

很多人之所以要购买苹果股票，其实就是看中了乔布斯的创造力，他精于设计和应用美学的能力，是他对产品完美度的极致追求。只有深深懂得乔布斯，认可乔布斯，投资人才会在乔布斯推出 iPhone 后，果断投资苹果的股票，因为他们知道乔布斯的能力在手机行业无人匹敌。

乔布斯离开后，没有企业能替代苹果在手机行业的位置，不是因为苹果厉害，而是因为没有超越乔布斯的人存在，所以，苹果的投资价值依然存在。

投资其实很简单，就是要透过现象看本质，透过股票看到公司，通过公司看到创始人。没有这两方面的能力，投资人就不会认识到投资的本质，也无法知道投资的未来。

企业领导人的创造力和影响力，是企业的价值所在。企业领导人离开，企业基本上就没太大的投资价值了。这里除了行业的因素，关键还在于人的因素。企业领导人的创造力、领导力和影响力消失了，企业基本也没啥价值了。

企业没有了光荣和梦想，也就失去了未来。

一个再优秀的企业，没有优秀的领导人，也会不断出问题。因此，要投资一家企业，首先要看看领导人是否有创造力和影响力，是否有魄力和胸怀，在企业内外是否有巨大的影响力，如果有，那么就值得投；如果没有，就可以略过。当然，如果没有优秀领导人的企业，却身处垄断行业，自然也可以投；如果身处垄断行业的企业有卓越的领导人，那就更值得投资了。

可口可乐是一个世界范围内有巨大影响力的品牌，可就是这样一个优秀的品牌和企业，在20世纪70年代却过得一团糟，如经营多元化、负面消息众多、企业失去凝聚力等，企业利润下滑，股价暴跌，丑闻不断。

直到1980年罗伯特上任，以及巴菲特青年时的邻居唐纳德·吉奥担任CEO，两人形成了绝佳搭档，才将可口可乐带入了更高的境界，让可口可乐发展成了世界范围内备受欢迎的伟大品牌。

决定企业投资价值的，既不是价值，也不是行业，根本还在于企业领导人。记住，具有绝佳行动力、领导力和影响力的伟大领导人，是决定企业最根本的因素。

投资人的最高境界，在于寻找能够与你心灵契合、共同追求更高目标的人。通过这样的投资，投资人就能实现自我价值的最大化，达到人生的更高境界。当然，投资人也不是一味地追求他人的好感，而是在理解和接纳对方的基础上共同成长、共同面对挑战。他们可能不完美，但能激发你的潜力，共同创造更大的价值。这不仅是对他人的一种选择，更是对自我的一种提升。

思维29. 创新驱动——高度重视创新

研究投资的过程，其实就是"提出问题→提出假设→验证假设→得出结论"的过程。在这个过程中，要提出好的问题，并就某个具体问题提出好的假设，都离不开创造性思维。

在投资过程中，风险无处不在，却不是实实在在可见的，而是存在于我们看不到的地方。具备创造性思维的投资人能够看到问题的多样性，可以从"看见"的信息中敏锐地发现那些关键信息。如果缺少创造性思维，投资人就会缺少思考维度，从而会忽视一些关键信息。

创造性思维的核心是发散思维，即根据已有信息，从不同角度和方向进行思考，多方面寻求多样性的答案，与从知识和经验中寻找正确答案的辐合思维相对。这就像厨子和大厨的区别：厨子是菜谱训练出来的，只知道按部就班地做菜；大厨则是不会按菜谱做菜。只盯着菜谱，就容易照葫芦画瓢；而不按菜谱做菜，就不会照搬前人的做法，不受既有规则的束缚，致力于创新。

1.投资人如何打破思维定式

（1）肯定、否定和存疑。思维中的"肯定视角"，就是思考一个具体事物的时候，首先设定它是正确的、好的、有价值的，然后沿着这种视角，寻找这种事物的优点和价值。而"否定视角"正好相反，是从反面和对立面来思考一个事物，且在这种视角的支配下寻找该事物的错误、危害、失败等负面价值。如果对某项或某个问题，一时难以判定，就不能勉强地予以"肯定"或"否定"，而要放下问题，先让头脑冷却一下，过一段时间再进行判定。这就是"存疑视角"。

（2）自我、他人和群体。观察和思考外界的事物时，很多人总是习惯性地以自我为中心，用自己的目的、需要、态度、价值观念、情感偏好和审美情趣等，作为标准尺度去衡量外来的事物。而要想打破思维定式，就要走出"自我"的狭小天地，走出"围城"，从别人的角度思考问题，发现创意的苗头。任何群体都是由个人组成的，但对于同一个事物，从个人的视角和从群体的视角，往往会得出不同的结论。

（3）无序、有序和可行。"无序视角"是指，进行创意思维的时候，特别是在其初期阶段，要尽可能地打破头脑中的条条框框，包括法则、规律、定理、守则、常识等，进行"混沌型"的无序思考。而"有序视角"是指，思考某种事物的时候，按照严格的逻辑来进行，透过现象看本质，排除偶然性，认识必然性。创意的生命在于实施，投资人必须实事求是地对观念和方案进行可行性论证，保证头脑中的新创意能够在实践中获得成功。这就是"可行视角"。

2. 培养创新思维的方法

要想提高自己的创新力，投资人可以从以下方面做起。

（1）用"求异"的思维去看待和思考事物。在学习、工作和生活中，投资人要多有意识地关注客观事物的不同性与特殊性，不能拘泥于常规，不轻信权威，以怀疑和批判的态度对待一切事物和现象。

（2）有意识地以反向思维去思考问题。投资人将传统观念、常规经验和权威言论当作金科玉律，会阻碍我们创新思维活动的展开。因此，面对新的问题或长期解决不了的问题，不要沿着前辈或自己长久形成的、固有的思路去思考，要从相反的方向去寻找解决问题的方法。

（3）用发散性思维看待和分析问题。发散性思维是创新思维的核心，其从某一点出发，任意发散，既无明确的方向，也无特定的范围。具备发散性思维，投资人就能提出很多可供选择的方案、办法和建议，提出一些别出心裁、出乎意料的见解，使一些似乎无法解决的问题迎刃而解。

（4）主动地、有效地运用联想。在创新思考时，联想是经常使用的方法，也比较容易见到成效。任何事物之间都存在一定的联系，投资人要积极寻找事物之间的联系，主动、积极、有意识地去思考它们之间的联系。

（5）学会整合，宏观地看待问题。很多人擅长"就事论事"，或看到什么就是什么，思维被局限在某个片区内。所谓整合就是把对事物各个侧面、部分和属性的认识统一为一个整体，从而把握事物的本质和规律。当然，整合不是把事物各部分、侧面和属性的认识，随意地、主观地拼凑在一起，也不是机械地相加，而是按它们内在的、必然的、本质的联系把整个事物在思维中再现出来。

思维30. 坚定信仰
——成功的事情简单重复去做，是投资人追求的最高境界

1822年英国物理学家法拉第在实验室做实验，有个叫亨利的年轻人想拜他为师，找到他，对他说："我一定要跟你学。"法拉第被他的精神打动，就对他说："好！你来做我的助手吧。"

法拉第拿起一个本子，指着一套设备，对亨利说："我正在研究磁能产生电的效果，以后你能不能每天都通上电看看这个磁针会不会动，如果动了，你把它记下来；如果不动，你也记下来。"

亨利答应了，一做就是半个月，但实验总是失败，没有一天是成功的，本子上写的都是"NO""NO"！

有一天，亨利不耐烦地对法拉第说："做这件事毫无意义，你能不能让我做点其他的事情？"

法拉第摇了摇头，说："这件事情很重要，如果成功了，那将是一个重大发现。"

亨利没办法，只能又坚持了几天。但他实在坚持不下去了，最后没告诉法拉第就自己偷偷溜走了。

1835年，法拉第被英国皇室授予"爵士"称号。看到法拉第成功了，亨利又来找他，说："你收留我吧。"

法拉第拒绝了他，说："亨利，你知道吗？这个荣誉本来应该属于你的。当年我让你做的事情，你没有坚持下去。你离开后，我来做这件事，一直坚持了10年，终于在电磁学方面取得了突破。"

说完，法拉第拿出一个厚厚的本子，正是当年亨利用过的。亨利看到了他记录的几十个"NO"，后面是法拉第记录的几十个"NO"，再后面就是上千个"NO"，最后是一个大大的"YES"。

法拉第说："只有靠坚强的意志力、能够坚持的人才能实现理想，这是我最宝贵的人生经验。"

真正厉害的投资人都知道，反复只用一招，就可以取得成功。因此，他们永远只会做最简单的重复，只会做最确定的投资。很多投资人想要短期内获得暴利，渴望短时间内拥有提款机式的交易方式，但他们却不懂，时间积累的成果像滚雪球一样，远超你的想象。

某人曾给一套再普通不过的交易系统增加了一个按照资金比例下单的操作语句，测试了近20年的走势后，终于得到了令人惊奇的盈利。这个结果让人震惊得合不拢嘴，因为它已经是一个从万元到亿元的跨度。

看到那个结果，很多人觉得这是胡扯，嘴角上甚至还带有嘲讽般的笑容。但很少有人知道，这套系统的模式能够真实运作起来。他们为什么会本能地抗拒？因为他们对简简单单的规则的重复运行，对规则的力量、时间的力量和积累的力量等都缺乏想象力。

所以，复杂的事情简单做，你就是专家；简单的事情重复做，你就能成为顶级交易高手。

资本市场就是把钱从内心狂躁的人的口袋里拿出来，放入内心安静的人的口袋里。只有信仰才是灵魂的拯救者，才是交易智慧的坚实基础。在整个交易过程中，投资人内心有一套信任的理论体系，心灵是纯粹的，思想是单纯的，看到的世界就是简单的，交易思路自然就是清晰的，交易动作也是简洁的。

记住，交易的不是市场，而是一套交易规则、交易思想，只有信仰，才能为规则和思想提供行动的力量。

1. 长期坚持好习惯

如果习惯不是最好的仆人，就是最差的主人，拥有好习惯必定让人终身受益，投资也同样如此。比如，每天记账、每月强制储蓄、坚持定投等，都能产生不错的效果。不过，养成了这种习惯还不够，还得长期坚持。不要以为同一件事情坚持做21天，就养成了一个习惯。其实如果之后连续两三天没去做，一切还会回到从前的状态。因此，要给自己上个发条，提醒自己坚持下去。

2. 有目标，有计划

善于投资的人一般会给自己制定一个或短期，或长期的目标，激发自己的执行动力。同时，他们还会依目标定相应的计划，包括投资计划、应急计划等。通常来说，他们会先准备好应急资金，如有剩余再根据自己的实际情况做资产配置，以分散投资，降低风险。

3. 独立判断市场信息

如今媒体和网络非常发达，到处都是跟市场有关的信息，甚至只要跟炒股的大叔大妈简单聊上几句，就能获得不少信息，比如，最近听说哪只股票比较好、哪只股票要跌了……但在所有的信息中，除了有价值的，就是无价值的。得到有价值的信息，投资人就能找到更准确的投资方向，并赚到钱；而无价值的信息太多，不仅起不到任何作用，还有可能让投资人损失惨重。要想走好投资这条路，投资人就必须学会独立判断信息，不随声附和。

4. 有足够的耐心

市场上涨比较缓慢，投资人要树立长期投资的意识，耐心等待行情好转。虽然短期频繁的操作也可能带来回报，但收益未必多，且这更像是投机而非投资。善于投资的人，在了解了某个投资项目并认定该产品将带来持续收益后，就会坚持长期持有，等待回报。

5. 经常阅读充电

没人生来就会投资，即使有这方面的天赋，要想投资成功，也需要后期的学习和实践，而经常阅读充电就是学习专业知识及技能的好方法。此外，善于投资的人不仅会阅读经济、投资类的书籍，还会看其他领域的书，以开阔眼界、换角度思考问题，让自己更理性。

不管做什么事情，心态始终都是最重要，对投资来说更是如此。所以，投资人要想在投资过程中不断成长，就要保持良好心态，看准目标，坚定意志。

第六章
打通三种思维,才不会患得患失

思维31. 现金思维
——尽可能地将自己的现金资产转换为
优质股权资产

数据表明，表面来看，存放在银行的现金资产是安全的，其实从长期来看，它是收益最差的资产，特别是考虑到货币的时间价值和购买力损失，这种现金资产甚至还是最不值得长期拥有的资产。世界上顶尖富人的现金资产并不会直接放在银行，大多是拥有股权资产，因为他们都知道，优质的股权资产才是个人家庭最值得长期配置的资产。

可见，对于投资人来说，不断地将现金资产转变为优质的股权资产是一次深刻的革命。

成功的创业路离不开"天时、地利、人和"，在"人和"这方面，黄峥有着他人羡慕不来的机遇，在创业的路上得到了许多贵人的帮助。根据坊间流传，最重要的一位导师就是段永平。

黄峥是个妥妥的学霸，1998年他被保送至浙江大学竺可桢学院，主修计算机专业。大一入选梅尔顿基金培养计划，大三开始在网上发表有关计算机技术方面的文章，在网站上小有名气。

2001年的某一天，网易的丁磊通过MSN联系到黄峥，向他请教一个计算机算法的bug。开始黄峥以为对方是骗子，后来通过短暂的交流，才消除了误会。黄峥帮对方解决了难题，因为对技术的共同热爱，两人变成了聊得不错的朋友，这就为黄峥日后结识段永平埋下了种子。

段永平先后投资过步步高、OPPO、vivo等知名公司，是业内的一位传奇人物。

2000年，网易在美国上市，遭遇股灾，股价暴跌到1美元以下，丁磊不知道该如何是好，想要卖掉公司却没有人愿意买。

2002年年初，网易想要推出《大话西游2》，为了解决营销问题，丁磊想到了赫赫有名的"营销大王"段永平。段永平不仅营销手段高超，还曾做过小霸王游戏机，其过往经验和技能点都和网易发展需求相契合，丁磊决定登门拜访。

巧的是，那时候的段永平正对投资兴趣浓厚。两人交谈后，段永平发现网易现在的股价十分划算，且网易还正准备进军他十分熟悉并看好的领域——游戏市场。

2002年4月，段永平夫妇在公开市场花200万美元买入了152万股网易股票，占网易总股本的5.05%。后来，网易一飞冲天，丁磊一度成为中国首富。

在这段故事中，对丁磊来说，段永平是雪中送炭的"老大哥"，黄峥是欠了人情需要还的"小弟弟"，因为丁磊的存在，三人之间有了巧妙的联结。

很多投资人持有股权并不是目的,而是以此为手段,最终目的还是获取现金。他们心里时时刻刻想着落袋为安,当持有的标的上涨至一定程度时,就会感到惴惴不安,稍有风吹草动,就立刻卖掉,似乎现金不在自己手里就会跑掉。表面来看,他们买入的目的是拥有股权,其实根本上还是现金思维在作怪。

若投资人抱有这种现金思维,就无法耐心持有优秀企业的股票,甚至有的还会耍起小聪明,波段操作、追涨杀跌,结果多只能收回一声叹息!

当然,对于老年人来说,将自己的现金存放在银行确实相对安全;对于普通人来讲,为了维持个人家庭的日常所需,将部分现金存在银行也很必要。但作为投资人,就要尽可能地将自己的现金资产转换为优质的股权资产。

1. 何为股权投资

所谓股权投资,是指长期(至少在一年以上)持有一家公司的股票或长期地投资一家公司,控制被投资企业或对被投资企业施加重大影响,或与被投资企业建立密切关系,分散经营风险。

如果被投资企业生产的产品为投资企业生产所需的原材料,在市场上这种原材料的价格波动较大,且不能保证供应,投资人就能通过所持股份,控制被投资企业或对被投资企业施加重大影响。但是,如果被投资企业经营状况不佳,或进行破产清算时,投资人作为股东,也需要承担相应的投资损失。

股权投资具有投资大、投资期限长、风险大、能为企业带来较大的利益等特点,利润空间相当广阔,还可享受企业的配股、送股等一系列优惠。

2. 如何进行股权投资

投资人进行股权投资,需要遵循一系列步骤。

(1)明确投资目标和风险承受能力。在进行股权投资之前,投资人应明确自己的投资目标和风险承受能力。投资目标可能包括长期增值、稳定回报或参与决策等,而风险承受能力则决定着投资人可以承担的损失程度。

(2)寻找适合的投资机会。投资人要找到符合自身投资目标和需求的投资机会,可能包括参与初创企业、成长型企业或已上市公司的股权投资。

(3)进行尽职调查。在进行股权投资之前,投资人应进行充分的尽职调查,评估潜在投资标的的财务状况、市场前景、竞争环境、管理团队和法律合规等方面的情况。

(4)谈判和签订投资协议。一旦尽职调查通过,投资人就会进入与目标公司谈判投资条件和签署投资协议的阶段。投资协议需要明确双方的权益、投资金额、退出机制和股份转让等相关事项。

(5)跟踪和管理投资。一旦投资完成,投资人就要定期跟踪和管理投资的情况，这包括参与公司决策、监督公司运营、了解市场变化、评估投资回报等。

（6）退出投资。在股权投资中，退出机制非常重要。投资人可以通过股权转让、公司上市、公司收购等方式退出投资，实现投资回报。

总之，股权投资是一项风险较高但回报较大的投资方式。在进行股权投资时，投资人应充分了解投资机会的风险和潜力，并进行适当的风险控制和投资组合管理。此外，还要向专业人士咨询，获取专业的投资建议和帮助。

3.股权投资如何降低风险

投资人要想降低投资风险，需要把握以下三个原则。

（1）端正投资态度。股权投资如同与他人合伙做生意，追求的是本金的安全和持续，以及稳定的投资回报，不论投资的公司能否在证券市场上市，只要它能给投资人带来可观的投资回报，就是个理想的投资对象。看到公司上市能够带来股权价格的大幅上升，有些急功近利的投资人就会过于关注"企业上市"概念，而忽略对企业本身的了解，就会放大投资风险，也给了一些骗子可乘之机。事实证明，很多以"海外上市"、暴利等为名义的投资诱惑，往往以骗局告终，因为能上市的公司毕竟是少数，投资人寻找优质公司才是投资的正道。

（2）了解所投资的公司。要想投资成功，投资人一定要先了解自己的投资对象。例如，公司管理者的经营能力、品质以及能否为股东着想，公司的资产状况、盈利水平、竞争优势如何等信息。如果投资人的信息搜集能力有限，最好投资本地的优质企业。这时候，投资人可以邀请亲朋好友来对其经营情况进行跟踪观察，也可通过一些渠道与企业高管进行沟通。

（3）知道控制投资成本。即使是优质公司，买入股权价格太高，也会导致投资回收期过长、投资回报率下降等问题，不是一笔好的投资。因此，投资股权时一定要计算好按公司正常盈利水平收回投资成本的时间。通常情况下，时间要控制在10年内。投资人追求暴利，买入股权时，拿股权上市后的价格与买入成本比较，很少考虑公司不能上市何时才能收回成本，会骤然加大投资风险。

思维32. 股价思维
——不要让自己的情绪天天跟着股价走

在股市中，投资人的情绪与行为容易受到许多因素的影响，包括市场噪声、新闻报道、社交媒体情绪等。这些因素会让投资人作出非理性的决策，从而引起价格的剧烈波动。例如，市场上出现恐慌情绪时，投资人可能会纷纷抛售股票，导致股价下跌。而市场出现过度乐观情绪时，投资人则可能过度买入，导致股价上涨。

这种非理性行为，会使股票价格偏离了真实的价值，从而增加技术分析预测价格走势的难度。

很多人整天被市场牵着鼻子走，股价上涨就感觉很"嗨"，股价下跌就觉得很"烦"，以股价一时的涨跌论英雄，甚至连公开标榜自己是长期价值投资的一些人也是如此这般。其实，严格来讲，他们并不是真正的长期价值投资人，至少不是纯粹的长期价值投资人。

股市波动大，风险高，只有保持平和的心态，投资人才能作出理性的决策。市场每天都会发生波动，市场的情绪变化无常，整天都让自己的情绪跟着股价走，一旦遇到这种长期令人窒息、抑郁的低迷状态，难免就会感到抑郁。一些投资人最终成为"抑郁症患者"，原因大抵就在于此。

在浩渺的股市海洋中，投资人就像是舵手，驾驭着船只，试图在波涛汹涌的市场中寻找到财富的彼岸。可是，股市变幻莫测，常常让投资人陷入迷茫与困惑中。那么，投资人如何才能在股市中保持稳健的心态，成为一位真正的投资高手呢？

1. 锻炼稳健的投资心态

投资人首先要明确一个核心观点：股市投资不是一场赌博，而是一场长期的、需要智慧和耐心的博弈。投资人应将股市看作一个充满机遇与挑战的竞技场，而非一个短期暴富的乐土。在这个竞技场上，投资人需要时刻保持清醒的头脑，用理性的思维去分析和判断市场的走势，不能被贪婪和恐惧左右。

首先，投资人需要树立正确的投资观念。投资不是一种简单的买卖行为，而是一种长期的价值积累过程。投资人应该关注企业的基本面，不能盲目追逐市场的热点。

其次，投资人应学会分散投资，降低风险，避免将所有的鸡蛋都放在一个篮子里。

2.培养良好的心理素质

股市的波动不可避免，面对市场的涨跌，投资人应该保持冷静和理智。股价上涨时，不要盲目乐观，忘记风险；股价下跌时，也不要过度悲观，失去信心。投资人应该在波动中寻找机会，用平和的心态去面对市场的变化。

3.掌握有效的投资策略和技巧

在股市中，没有一种投资方法适用于所有情况。投资人应根据自己的风险承受能力、投资目标和市场情况来制定适合自己的投资策略；同时，还应运用各种投资工具和技术分析方法来辅助自己的决策，提高投资的成功率。

总之，投资是金钱和智慧的博弈场，比的是淡定从容，玩的是云淡风轻。只有拥有平常心，投资人才能在大盘高位时不盲目看高而多一分警惕，在大盘大跌时多一分理性，主动持股，积极介入，多一分耐心，主动坚守；才能克服恐惧、贪婪和急功近利；才能更多地认识到股市的风险，积极进取，努力提高自己的水平；才能更珍惜每一次机会，不盲目攀比，不急不躁；才能认真面对每一次失误，从而总结经验，一步一个脚印地做好每一次投资。

思维33. 股权思维——买股票就是买公司

所谓买股票就是买公司，就是投资人在购买股票时，实际上是购买了公司的所有权。每一只股票都代表了公司的一部分，持有股票就意味着成了公司的部分所有者。这种所有者身份，可以让投资人与公司建立直接的利益关系，促进公司的盈利或增长，以及市场价值的提升，最终直接影响到投资人的收益。

投资人抱有投资理念，就能深入理解公司的基本面，包括公司的经营状况、财务状况、行业地位、竞争优势等。投资人需要像公司的所有者一样，关心公司的每一个动态，分析公司的每一个决策背后的含义，真正了解公司，正确判断股票的价值，作出明智的投资决策。

举个例子。

你与朋友合伙开办了一家公司，经营了一年，发现生意红红火火很赚钱，而你只占公司1%的股份，此时你最大的心愿多半是扩大自己的股份占比。这是生意上的常识。可是，这个常识到了股市中，很多人就迷糊了，甚至反常识起来。

比如，很多人买入某个标的后，最企盼的是股价上涨再上涨，且最好无休止地涨下去。自然，遇到这种上涨也不能算是坏事，但如果自己有后续资金，怎么办？分红了，怎么办呢？实际上，如果股价高高在上，反倒不好办了，因为我们后续的资金和分红的资金将无处安放。相反，股价下跌也未必是坏事，因为投资人的后续资金和分红资金可以持续买入，即增加自己的股份占比。

1. 理解这一概念的几个关键点

在金融市场的浩瀚海洋中，股票是很多投资人选择的一种重要投资工具。可是，对于多数人来说，买股票可能只是一种简单的交易行为；而对于真正的价值投资人来说，买股票就是买公司。这个理念不仅揭示了投资的本质，也为投资人提供了一种全新的投资视角。

（1）企业所有权。持有一家公司的股票就意味着持有该公司的一部分所有权。股票持有者是企业的股东，享有利润分配权和决策权。因此，购买股票实际上是购买企业的部分所有权。

（2）企业价值。股票的价格在很大程度上受到市场情绪、供需关系和短期投机等因素的影响，但企业的价值是由其基本面和长期经营状况决定的。因此，投资人应该关注企业的内在价值，而不仅仅是股票价格。

（3）长期投资。这一理念强调了长期投资的重要性。将投资视为购买企业的一部分所有权，就应该像企业家一样关注企业的长期发展，而不是仅仅关注股票价格的短期波动。长期投资人更要关注企业的盈利能力、管理团队素质、竞争优势和长期增长潜力。

（4）投资与交易的区别。投资是基于对企业本身价值的认可和长期增长潜力的评估，交易则更多地依赖短期市场波动和价格波动的预测。因此，价值投资强调的是投资，而不是交易。

总的来说，投资人要将投资的焦点从股票价格转移到企业本身，关注企业的内在价值和长期发展潜力，从而实现长期的投资增长。也就是说，投资人应该像企业家一样对待股票投资，并采取长期持有的投资策略。

2. 巴菲特与"企业内在价值"

"买股票就是买企业"的核心在于，将股票投资看作对企业本身的投资，而不仅仅是对股票价格的投机或交易。这一理念也是巴菲特等成功投资人所倡导和实践的。

巴菲特对于企业内在价值的理解，可以追溯到他的价值投资理念和其所称的"经济城堡"概念。

以下是巴菲特对企业内在价值的一些关键看法。

（1）持续盈利能力。巴菲特认为，企业的内在价值取决于其持续盈利能力。他喜欢那些在长期内能够保持稳定盈利、有持续竞争优势的企业，因为这些企业通常能够产生稳定的现金流，并在未来持续创造价值。

（2）竞争优势。巴菲特强调，竞争优势对于企业内在价值的重要性。他倾向于投资那些在其所处行业中具有竞争优势的企业，因为这些企业能够在市场中保持较高的利润率，并具有较高的成长潜力。

（3）管理团队素质。巴菲特认为，企业的管理团队对于企业内在价值的实现起着至关重要的作用。优秀的管理团队能够有效地执行战略计划、管理风险，并在竞争激烈的市场中保持企业的竞争优势和创新能力，提升企业的内在价值。

（4）安全边际。巴菲特强调安全边际的概念，即购买股票时应留有一定的安全余地，确保即使企业出现意外情况，投资也不至于大幅亏损。他关注的是购买价格与内在价值之间的差距，确保有足够的抵抗市场波动的余地。

（5）反向思维。巴菲特通常采取反向思维，即在市场情绪低迷时购买股票，而在市场狂热时保持谨慎。他会在市场情绪过度悲观时寻找被低估的股票，在市场过度乐观时考虑减仓或保持观望，以便捡到更多的便宜筹码。

总的来说，巴菲特认为，只有深入理解企业的内在价值，并以长期的投资眼光去加以衡量和评估，才能实现长期的投资成功。

附录
普通人和投资大师的思维有什么不同

思维模型,是一种用来理解和解释现实的简化框架,可以帮助投资人快速地获取信息、分析问题、作出决策以及采取行动。投资大师的思维模型,都经过了时间和实践的检验,具有普适性和实用性,可以帮助投资人取得优异的表现,成为更好的自己。

查理·芒格的"多元思维模型"：
不要成为一个工具锤

查理·芒格是世界上最著名的投资家之一，也是巴菲特的合伙人和智囊，被誉为"活着的百科全书"，在投资领域取得了非凡的成就。而这背后，查理·芒格独特的思维方式和投资哲学发挥了关键作用。

作为一名投资人，查理·芒格有着独特的投资哲学和策略。他认为，只有不断地学习和适应变化，才能在不断变化的市场环境中保持领先。他倡导，要全面考虑投资机会，不仅要关注财务数据，还要考虑公司文化、管理团队等因素。这些理念不仅在当时具有前瞻性，在今天依然具有重要的指导意义。

查理·芒格的投资理念和多元思维模型是他在投资领域取得成功的关键。

在投资决策中，查理·芒格的多元思维模型发挥了重要作用。他认为，投资人应考虑多种因素，包括公司的财务数据、市场环境、行业趋势、政策法规等。对这些因素进行综合分析，投资人就能更全面地了解投资机会的风险和价值，并作出更明智的决策。他还强调，在投资过程中要保持冷静、理性和客观的态度，避免盲目和冲动。

芒格倡导，要不断学习多学科知识，并将这些知识组合起来形成一个复式框架。该思维模型包括很多学科的知识和思维方式，如历史学、心理学、生理学、数学、工程学、生物学、物理学、化学、统计学、经济学等。基于这个多元思维模型，投资人就能全面地了解一家公司或一个行业，从而作出更加明智的投资决策。

查理·芒格的思想和智慧对于全球的投资人都具有重要的启示意义，对每个人都有着如灯塔般的指引作用。

回顾查理·芒格的生平和其倡导的"多元思维模型"，解析其"多元思维模型"的内涵与应用，就能为投资人提供一种全新的思考方式，帮助我们在投资及其他领域更好地分析和解决问题。

1."多元化思维模型"

查理·芒格认为，要想在复杂的世界中作出正确的决策，就不能只依赖一种思维模型，要学习和运用多种思维模型，从不同的学科和领域中汲取智慧，形成一个多元的思维体系。

他说："如果你只有一个锤子，你会把所有的问题都当成钉子。"这句话的意思是，只有一种思维模式，就会用同样的方式来处理所有的问题，导致思维的局限和偏见，无法看到问题的本质和多样性，更无法找到最佳的解决方案。

查理·芒格建议我们，要像一个工具箱一样，拥有多种思维模型，比如以下模式。

（1）反向思维。从反面思考问题，就不会陷入常规的思维惯性，找出可能的错误和风险，提高决策质量。

（2）系统思维。把问题看作一个整体，而不是一个孤立的部分，分析各要素之间的关系和影响，找出问题的根源和解决方案。

（3）二八定律。认识到事物的分布是不均衡的，如80%的结果由20%的原因造成，找出最重要的因素，优先分配资源和注意力，提高投资的效率和效果。

（4）复利效应。理解时间和复利的力量，如一分钱每天翻番，30天后会变成1000多万元，培养长期的视野和行动，为自己的未来创造价值。

这些思维模型，可以帮助投资人在不同的情境下，用不同的方式来思考问题，提高思维能力和决策水平。

2. 投资人要培养"多元思维"

掌握单一思维模型的人只会从一个角度看待问题，看问题比较片面，与之相对的另一种方法是多元思维模型。掌握多元思维模型的人会站在不同的角度，从不同维度看待问题，能想到的问题和解决方案也会更多。时代在进步，社会在发展，以前固有的、单一的思维模型，已经很难在万物相连的互联网时代生存下去。要想在竞争激烈的社会存活下去，投资人就要紧跟时代发展的潮流，摒弃单一思维模型，培养多元思维模型。

（1）避免"铁锤人思维"，突破认知局限。"铁锤人思维"就像是手里拿着铁锤的人，看什么都像一颗钉子。这样的人试图用一种方法来解决所有的问题。

林某大学所学的专业是服装设计，毕业后在这个领域深耕多年。每次朋友聚餐见面，她都要对每一位的穿着打扮评论一番："你不应该这么穿，实在太难看了！""你怎么买了这件衣服，丑死了，赶紧扔掉吧！""我真的搞不懂，明明长得不错，为什么打扮成这样……"朋友们听到这些扎心评论，恨不得躲她远远的，特别害怕她的"专业分析"。

除了这些，林某还不放过路边的行人，甚至对明星的造型指指点点，评头论足。朋友私下和她聊过："生活轻松点，简单点，能不能不要总用工作视角看待自己和身边的人？"她说："我也不想那样，可我做这行太久了，总是控制不住自己！"

林某把工作中的思维模型直接搬到生活中，只从着装打扮的单一角度考虑问题，搞得人际关系一团糟，其实就陷入了"铁锤人思维"误区。被誉为"现代医学之父"的威廉·奥斯勒爵士是多元思维模型的推崇者，他强调："不断地将注意力集中在同一学科，不管这个学科是多么有趣，都会把人的思想禁锢在一个狭窄的领域。"在狭窄的领域有专长的人也能发展得很好，但过于依靠这一领域的思维模型，反而容易掉入"铁锤人思维"陷阱，难以突破认知局限。

美国密歇根大学复杂性研究中心掌门人斯科特·佩奇说过："一个人是否聪明不是由智商决定的，而是取决于思维模型的多样性。"没有思维模型的迭代，也没有思维模型的组合，只是盲目地使用"铁锤人思维"，即使再努力，也只是在原认知系统内的低效重复，不会有任何进步。升级你的认知系统，用多元思维模型全面地思考问题，就能避免陷入"铁锤人思维"的误区，逃离让自己"止步不前"的死循环。

（2）看清事物的本质，提高对目标的洞察力。巴菲特曾这样评价查理·芒格："查理能够比任何活着的人更快、更准确地分析任何种类的交易，他能够在60秒内找出令人信服的点。"查理·芒格的多元思维模型大概有100种，为他提供了一个强大的背景和框架，帮助他把纷繁复杂的投资问题简化为一些清楚的基本要素。

20世纪90年代，查理·芒格就曾运用多元思维模型，成功预判出金融衍生产品的泛滥会对社会经济造成灾难性的危机，并提前对社会发出了警告。结果2008年和2009年全球经济危机爆发，国家经济陷入崩溃，证实了查理·芒格的预判，也间接地验证了查理·芒格的前瞻性。

查理·芒格有一个特点叫"两分钟效应"，即能在最短的时间把一个复杂的商业本质说清楚。即使是对于自己完全陌生的领域，具有多元思维模型的人，也能作出较理性的分析和判断，不会轻易被事物的表象误导，避免发生不可弥补的错误。

2003年，查理·芒格在谈到比亚迪时，虽然从没见过比亚迪公司的董事长，也没参观过比亚迪的工厂，甚至对中国市场和文化也相对陌生，他却看清了其背后的本质，提前布局比亚迪，并创造了12年赚25倍的投资神话，这都离不开他的多元思维模型。

事物的表象是多变、表面的，可以用感官感知，但具有一定的主观性；而事物的本质是事物的根本性质，是比较稳定、深刻的，只有运用思维模型才能把握。因此，只有用多元思维模型去思考并不断地加以完善，努力地探寻事物组成要素之间的内在联系，才能透过表象看清真相，掌控自己的命运。

3.培养多元思维模型，做终身学习的践行者

多元思维模型，是把多个重要学科的重要理论组成跨多学科的模型，再进行思考，继而解决问题。培养多元思维模型是一个终身学习的过程，每天乐此不疲地学习，才能优化自己的多元思维模型。

要想培养多元思维模型，可以按照以下四个步骤进行。

（1）保持阅读的习惯。查理·芒格说自己这辈子遇到过的聪明人没有一个不是每天都在阅读的。他非常喜爱阅读，为了让自己空闲下来就能立刻读书，他的身边无论何时至少都要有一本书。他也因此被孩子们笑话，被称为"一本长了两条腿的书"。查理·芒格一生大概接触了100个思维模型，有许多学科知识都是通过读书自学得来的。

（2）清除旧观念，从错误中学习。凯恩斯说："介绍新观念倒不是很难，难的是清除那些旧观念。"查理·芒格喜欢把人们的观念和方法比喻成"工具"。现实中，多数人舍不得手里的"旧工具"，查理·芒格却一直在努力寻求更好的工具，替代原来的"旧工具"。因为他知道，故步自封、

墨守成规是培养多元思维模型的绊脚石，只有及时摒弃大脑中旧的观念和错误的思维模型，才能从错误中汲取经验，不断发展。因此，使投资人变得越来越聪明的最有效方式就是不断地从错误中学习。这不仅是个人的态度问题，也决定了个人看待问题的高度。

（3）寻找事物之间的共性。查理·芒格说，普通人能掌握八九十个思维模型，就可以获得普适的智慧。虽然数量上看并不多，但把这些思维模型结合起来，形成思维框架并灵活运用，却不容易。我们在学校里学习的各学科都是独立的，相互间毫无关联，投资人必须掌握知识迁移的能力，在多学科之间找到事物之间的共性，尝试用跨学科的思维模型解决问题。

（4）形成解决问题的模型清单。聪明的飞行员即使才华过人、经验丰富，也会使用检查清单。同样，优秀的投资人即使思维敏捷、能力突出，也不会不使用模型清单。在投资过程中会遇到各种问题，每个问题都有自己的适用范围，都可以形成一个解决问题的模型清单，经常归纳整理解决问题的思维模型，把相关的思维模型整合在一起，优化自己的模型清单，就能高效解决问题。

稻盛和夫的成功公式：
成功=思维方式×热情×能力

稻盛和夫是日本最著名的企业家之一，也是京瓷公司和KDDI公司的创始人，被誉为"日本的管理之神"，因为他用自己的管理哲学和思维模式，带领了两个不同行业的企业，且都取得了世界级的成就。

稻盛和夫的思维模型，就是"成功公式"，他认为，要想在任何领域都能成功，需要具备三个要素。

一是思维方式。个人对自己、对他人、对社会、对世界的看法和态度，决定着他的价值观和行为准则。

二是热情。个人对自己所做的事情的兴趣和热爱，决定着他的动力和持续性。

三是能力。个人掌握的知识和技能，以及如何运用它们来实现自己的目标，决定着他的效率和效果。

稻盛和夫的成功公式是：成功 = 思维方式 × 热情 × 能力。

这个公式的意思是，成功等于思维方式、热情和能力的乘积，而不是简单的加法。也就是说，在思维方式、热情或能力中，只要有一个为零，成功都会为零。因此，为了投资成功，就要努力提高自己的思维方式、热情和能力，让它们都达到一个较高的水平。

思维方式。能够让投资人在逆境中看到希望，找到出路。

热情。可以弥补投资人能力的不足，只要你足够热爱，就可能超越自己的局限，达到意想不到的高度。

能力。没有足够的能力，可能连参与竞争的资格都没有。

投资人要做好一项投资，短期内拼的是能力，中期靠的是热情，而长期来看，决定性因素是思维方式。

1. 短期——能力

在《斗魂：稻盛和夫的成功热情》这本书中，稻盛和夫写道：

他年轻时是个彻头彻尾的"乡巴佬"。他会因口音问题而自卑，不敢与人交流，甚至电话响起时畏畏缩缩，同事常常指责他拖了大家的后腿。他意识到，只有不断提升自己的能力，才能在社会中立足。于是，他严格要求自己，从最基础的东西开始学习，比任何人都更努力。他向城里的同事请教问题，不断学习，弥补文凭上的不足。随着专业水平的突飞猛进，他也变得主动起来，能落落大方地待人接物。

他成功研发出一种叫镁橄榄石的新型材料，为公司争取到了松下的大笔订单。之后，他晋升为管理者，还获得了松下老板的赏识。后来，他创办京瓷，松下主动成为他的第一个合作伙伴。

面对松下的降价要求，其他合作厂家都束手无策，稻盛和夫却短时间内改进了生产技术，成功拿到了更多订单。京瓷凭借"高质量低成本"的优势，名扬海外，打开了国际市场。

稻盛和夫认为，能力是实现梦想的基石，是个人立足的根本。在竞争激烈的江湖里，只有真本事，才能让你脱颖而出。遇到工作不顺时，不要抱怨领导不重用、同事不配合，要审视自己的能力；把别人能做成的事做到极致，再把别人不愿做的事做得漂亮，才能成为不可替代的必选项。无论环境如何变化，只要拥有真本事，就能从困境中找到出路。

2. 中期——热情

稻盛和夫曾提出过"自燃"的概念，物质有不燃型、可燃型和自燃型等三种，人也有三种。

不燃型的人，像一块冷冰冰的石头，不管别人怎么敲打，都激不起一点火花，对工作没有兴趣，敷衍了事。

可燃型的人，像一根易燃的木头，只有在烈火的烘烤下才能燃烧。也就是说，只有借助外力的推动，才能做好分内之事，但水平有限。

自燃型的人，像一团火，能以最大的热情对待工作，努力提升自我、成就自我。

不管做什么工作，时间久了，都难免心生倦怠、陷入瓶颈，能力难以进一步提升。若想有所突破，就要成为自燃型的人，以饱满的热情对待工作。

稻盛和夫在《斗魂：稻盛和夫的成功热情》中写道："只要具有燃烧

般的热情，持续不懈拼命努力，那么今天看来不可能的事情，明天就能实现。热情如火的人，几乎无往不胜。"

现实生活中，很多人把工作当作一种谋生的手段，遇到困难就避而远之，遭受挫折就轻易放弃。他们以为这样能让自己轻松自在，却不知这正是断绝自己向上攀登的途径。相反，自燃型的人会将工作视为自己的事业，全身心投入其中，充满热情。无论任务多么艰巨，他们都会坚持到底，绝不轻言放弃；他们不退缩，不敷衍，会将热情转化为工作的动力，最终得到丰厚的回报。因此，要想在投资中脱颖而出，投资人就要将工作当作自己的事业，充满热情地去面对每一个挑战。

3. 长期——思维方式

有人曾向稻盛和夫请教成功方程式的关键因素，他回答说：能力和热情无疑是重要的，几乎所有人都对此有共鸣。但在他看来，思维方式的重要性超过了其他两个因素。

思维方式就像是指南针，决定着个人努力的方向。选错了方向，即使再努力，也会南辕北辙，离目标越来越远；只有选择正确的方向，投资人才能沿着正确的道路前进，事半功倍地走向成功。

20世纪60年代，京瓷面临着竞争加剧、利润下滑、业务停滞的困境。员工们争抢现有订单，但效果甚微。

在这个关键时刻，稻盛和夫提出了一个不同寻常的策略：专门挑选那些难度大的订单，并向客户提出产品预想。

尽管京瓷的技术还不够成熟，无法满足客户的期望，员工们对此感到困惑并开始退缩，稻盛和夫却坚定地说："其他公司只接他们现有技术能做的订单，那我们就接不能做的。既然技术不够，那我们就反过来，用订单逼着我们研究新技术。"

在完成订单的压力下，员工们全力投入研发，克服了一个又一个技术难题。京瓷另辟蹊径，成功跻身行业头部，将其他同行远远甩在身后。

眼界决定你的境界，思路决定你的出路。投资人这一生的成就，最终能达到多高，均由思维模式决定。被内心的局限束缚，看问题时就容易拘泥于眼前，路不通时只会原地打转。认知不足，再怎么吃苦耐劳，也仅能勉强换来温饱；思维不对，再怎么坚持不懈，也实现不了命运的逆袭。

真正能困住人的，不是外界的挫折与考验，而是自己头脑中无形矗立的高墙。投资人要跳出禁锢自己的圈子，更新迭代自己的思维。只要见识了世界的广阔，阻碍你前进的拦路石，也就显得微不足道了。

霍华德·马克斯的"投资第二层次思维"：卓越的思维是深邃的、迂回的

霍华德·马克斯是世界上最著名的投资人之一，是橡树资本的联合创始人和主席，被誉为"投资界的哲学家"。他用自己的思维模式，在投资

领域取得了非凡的成就。

霍华德·马克斯的思维模型,就是"投资第二层次思维",他认为,要想在投资领域取得优异的表现,不能只用第一层次思维,也要用第二层次思维,超越大众的思维,找到市场的机会和风险。

1. 投资领域的"第一层次思维"

第一层次思维,是一种简单的、直接的、表面的思维,只考虑事物的直接结果,既不考虑事物的间接结果,也不考虑其他人的思维和行为,更不考虑市场的预期和反应。比如,第一层次思维的投资人,会认为:

A. 这家公司的业绩很好,股价会涨,我要买。

B. 这个行业的前景很差,股价会跌,我要卖。

C. 这个资产的收益很高,风险很低,我要持有。

2. 投资领域的"第二层次思维"

第二层次思维,是一种复杂的、间接的、深入的思维,不仅考虑事物的直接结果,也考虑事物的间接结果,还考虑其他人的思维和行为,以及市场的预期和反应。比如,第二层次思维的投资人,会认为:

A. 这家公司的业绩很好,股价会涨,但这个业绩是否已经被市场预期和反应了?如果是,那么股价可能不会涨,甚至会跌,我要卖。

B. 这个行业的前景很差,股价会跌,但这个前景是否已经被市场预期和反应了?如果是,那么股价可能不会跌,甚至会涨,我要买。

C. 这个资产的收益很高,风险很低,我要持有,但其他人是否也有同样的看法和行为？如果是，那么这个资产的价格可能已经被推高，收益率可能已经被压低，风险可能已经被放大，我要卖。

第二层次思维，可以帮助投资人作出更精准的投资判断，抓住更好的投资机会，规避更大的风险，获得更高的回报。

那么，在投资中，第二层次思维对我们有什么启示呢？如果你期望获得超额收益，就要运用第二层次思维。如果投资目标是获得市场平均回报，只要跟踪大盘指数的基金就可以实现，不需要第二层次思维。只有当你想要获得超越市场平均水平的收益时，才需要第二层次思维。

不仅要考虑投什么，还要考虑其他投资人的行为。了解其他投资人的行为和情绪，投资人才能作出明智的决策。市场参与者的集体行为和情绪波动会带来市场价格的波动，从而影响投资的结果。因此，投资人不仅要考虑投资标的本身的潜在价值，还要注意市场中的投资人情绪和行为反应。

3. 拥有"第二层次思维"的优势

拥有第二层次思维的投资人，会通过观察市场中的投资人行为来辅助决策。市场看涨情绪高涨、普遍乐观、投资人热衷于进入股市，往往是市场见顶的信号之一。在这种情况下，拥有第二层次思维的投资人会审视市场是否过于繁荣、是否存在泡沫，以及是否出现了投资过热的现象。

为了避免高风险的投资，他们可能会暂时保持观望态度，或逐步减仓；相反，当市场看跌情绪蔓延，投资人普遍悲观、纷纷认亏离场时，可能是市场见底的信号之一。在这种情况下，拥有第二层次思维的投资人会认为市场中的投机气氛已经减弱，市场逐渐回归理性，是一个适合布局的时机。他们可能会在市场低迷时寻找被低估的投资标的，以期在市场复苏时获得更好的回报。

不要把"感受到的风险"等同于"真实的风险"。看到坏消息满天飞、市场"跌跌不休"，多数投资人的本能反应是认为市场危机四伏，赶紧离开躲避，这是第一层次思维。但在投资中，市场上涨的过程是风险积累的过程，下跌则是消化风险的过程，这和人们的一般感受恰恰相反。恐慌的筹码相继卖出，留下来的都是对后市看好的资金，下跌的动能已经消化掉，这时机会反而会变得越来越大。

4. 如何构建"第二层次思维"

第二层次思维给我们最大的启示就是，大众的共识不等于正确的共识，保持批判和怀疑精神，勤学善思，才能在投资中获得更多。

那么，投资人如何构建第二层次思维？

第一种是"终局思维"。所谓终局思维就是，根据事物整体发展趋势，通过透视结果来推导现在所需采取何种策略。其核心是"以始为终"，从最终的结果或者目的出发考虑问题，以概率的形式逐步推演至现在。例如，基于经验和研究，可以思考一个行业供应端和需求端的终局，然后逆向推理现阶段的发展态势并判断其合理性。

第二种是"第一性原理"。"第一性原理"原本是物理学术语，其思考方式参照了物理学探索世界的模式,即通过持续拆解看到本质。这种思维模式和朱熹提出的"格物致知"有异曲同工之妙,《现代汉语词典》对"格物致知"的解释是:"穷究事物的原理法则而总结为理性知识。"简言之,就是遇到复杂的情况或问题时,要不停地去解构它,直至找到最本质的问题。

卡罗尔·德韦克的"成长型思维、固定型思维":
不抛弃、不放弃

有这样一个故事:

两个年轻人乘坐火车到外地旅行,途经一大片荒野,窗外除了野草,什么景色都没有,乘客都觉得百无聊赖。

这时,火车忽然拐弯,车速也慢了下来,一座简陋的房子突兀地出现在人们的视野中,大家都为之精神一振。

年轻人甲灵光一闪,觉得这是一个商机,就指着房子对同伴说:"我们买下它吧,也许它能给我们带来一笔横财。"

年轻人乙说:"你疯了吗?谁会买这样的房子,要买你买吧,我天生没有发横财的命。"

年轻人甲相信自己的判断力,决定试一试。火车到站后,他几经波折找到了房主，花费3万美元买下了房子。

然后，他就开始联系大品牌商，游说他们在他的房子上放广告牌。但如多数人所料，几乎所有的公司都不愿意，因为大家都认为，这个地方荒凉，没有投放广告的意义。

年轻人甲没有放弃，终于说服了一家大公司，和他签了3年的租赁合同，租金是18万美元。

同样的机遇出现在两个人面前：一个人认为是发财的机会，且及时抓住了它；另一个人却认为是痴心妄想，白白地错失了机会。原因何在？从本质上来说，其实就是两个人思维模式的不同造成的。

心理学家卡罗尔·德韦克曾将人的思维模式分为两种，即固定型思维和成长型思维。拥有成长型思维的人，认为人可以创造自己的人生；而固定型思维的人，则认为人生会发生在自己身上。而很多事例证明：具有成长型思维的人，他们的人生有无限的可能性。

卡罗尔·德韦克是美国斯坦福大学的心理学教授，也是《终身成长》的作者，她用自己的思维模式，揭示心态对于个人学习和成长的重要影响。她在书中列举了大量案例，分析了教育、体育、商业、人际关系等领域决定成功与失败的因素；并提出，归根结底就在于思维方式的不同，成功者多拥有成长型思维，失败者多拥有固定型思维。

成长型思维。认为自己的能力和智力可以通过努力和学习来提高，它们不是固定的，而是可以发展的。

固定型思维。认为自己的能力和智力是天生的，它们是固定的，不能发展。

这两种思维模式，对于人们的学习和成长，有着截然不同的影响。

成长型思维的人，把困难和挑战看作提升自己的机会，积极地寻求反馈和帮助，不断尝试和改进，享受学习的过程，不抛弃、不放弃。

固定型思维的人，把困难和挑战看作暴露自己的缺陷，消极地回避反馈和帮助，轻易地放弃和退缩，害怕学习的过程，会轻言放弃。

1. 成长型思维解读

成长型思维可以帮助我们在学习和成长的过程中，克服困难，提高能力，增强信心，从而发挥自己的潜能。

具备成长型思维的人更乐于接受挑战，并积极提升自己的能力。他们知道挑战和失败只会帮助自己学习和成长，即使失败了也不会轻易否定自己，而是不断发现问题并加以改进，从而不断进步。

投资中，拥有成长型思维的代表就是大家熟知的巴菲特。

巴菲特早期跟老师格雷厄姆学习，采取烟蒂策略，以便宜的价格买入，最终获利，最典型的是他收购纺织厂伯克希尔·哈撒韦公司。巴菲特遇到芒格后，更注重公司品质本身，买入可以不断成长、可以长期创造价值的公司。"以一般的价格买入伟大的公司，也不以伟大的价格买入一般的公司"，华盛顿邮报、喜斯糖果等都是这一时期的经典代表作。

随着资金规模的不断扩大，中小公司无法满足其资金需求，巴菲特就将投资重心更多地转到大公司，如美国银行、可口可乐等。巴菲特只买自己看得懂的股票，以消费金融股票为主，很多人批评巴菲特不懂科技股，巴菲特却在 2015 年买入了科技股龙头苹果。因为他认为，当时的苹果已经具备护城河，用户离不开苹果；且苹果一直都是巴菲特的最大重仓股。结果，仅用了 5 年多时间，他就赚了 1200 亿美元。

具有成长型思维的人，最极致的表现是不被过往束缚，不被情仇困扰，只专注于自己的目标。对于投资人来说，终身学习不仅便于未来应对市场变化，更可以实现个人财务目标。在投资过程中，投资人需要不断学习新的投资理念、工具和方法，更好地管理资产、规避风险以及把握机会。

2. 投资人构建成长型思维

（1）肯定成长而非才能。自我肯定虽然能够激发投资人做事的自信心和积极性，但错误的夸奖方式却会阻碍人们进步。肯定自身的才能，会让我们自我设限，因为一旦在投资路上遭受挫折，很多投资人就会将一切的根源都归结为自身能力欠缺，从而选择自我放弃。但如果对自己付出努力的这一成长过程给予肯定，投资人自然就更愿意在这方面做得更好，继而不断地激发出自己的潜能，推动自己进步，让自己变得更好！

（2）正确看待和应对挫折。在投资过程中遇到挫折，有些投资人会找各种借口来掩盖自己的过错，不是怪罪于市场行情不好，就是推脱说是运气不佳，然而即使是这样，投资失利的事实也不会有任何改变，问题依然存在。而明智的投资人会正确看待和应对挫折，将每一次挫折都看作一次难能可贵的学习机会，从中总结经验、吸取教训，朝着正确的方向继续努力，争取反败为胜。

（3）养成良好的学习习惯。随着科技的进步和社会的发展，新的投资领域和机会不断涌现，投资人只有不断学习，才能紧跟时代的步伐，把握投资的脉搏。这里，就给大家介绍几种终身学习方法。

A.传统阅读与自学。阅读经典的金融书籍、学术论文和行业报告，了解历史的投资案例和最新的市场趋势。此外，利用互联网资源，如在线课程、博客文章、论坛讨论等，进行自学和深入研究。

B.参与在线学习平台。知名的在线学习平台，提供了丰富多样的学习资源，包括视频讲座、互动课程、模拟实战等，能够满足不同学习者的需求，因此投资人可以注册网易云课堂、腾讯课堂等平台，学习专业的投资课程。

C.参加行业研讨会与讲座。关注投资领域的知名人士和行业组织，参加他们举办的研讨会、讲座和论坛，通过现场聆听专家的分享和交流，获取最新的市场信息和前沿的投资理念。

D.参与投资社群与网络交流。加入相关的投资社群、QQ群或微信群，与志同道合的投资人进行交流和分享，讨论热门话题、分享投资经验，拓宽自己的视野，获取不同的观点和建议。

E.实习与实践经验。寻找与投资相关的实习机会，通过实践了解市场的运作规则和投资的实际操作。此外，可以尝试小额投资或模拟投资，积累实践经验，并不断总结和调整自己的投资策略。

F.持续自我反思与调整。在学习过程中，投资人要保持谦逊和开放的心态，反思自己的投资行为和决策。遇到挫折或错误时，要勇于承认并及时调整自己的策略和方法，不断进步和成长。

总之，终身学习不仅可以提升投资人的综合素质和竞争力，还可以不断拓展知识边界和能力范围，成为更加全面、优秀的投资人。同时，学习本身也是一种享受和乐趣，它可以让投资人生活得更加充实、有意义。

罗伯特·迪尔茨的"逻辑思维六层次"：由内向外的改变带来成长

人与人之间的差距，在于思维层次的差异。有的人认知层次比较低，只能被自己眼里的现象蒙蔽，看不到真实的世界；有些人虽能看到真实的世界，但看到的却是一个脏乱的世界，而只有少数人能够领略到更加广阔的世界。

罗伯特·迪尔茨是神经语言程序（Neuro-Linguistic Programming，NLP）领域的大师，他将人的逻辑思维分为六层，形成一个被称为"逻辑层次"的分析工具。

他认为人的逻辑层次从下到上依次为：

环境层，指你所处的外部环境，包括时间、地点、人物、物品等；

行为层，指你的具体行动，包括你说的话、做的事、表现的态度等；

能力层，指你的技能、知识、策略、方法等，以及你如何运用它们来实现你的目标；

价值层，指你的信念、价值观、原则、标准等，以及它们如何影响你的选择和判断；

身份层，指你的自我认知、自我评价、自我定位等，以及它们如何塑造你的个性和特点；

精神层，指你的使命、愿景、目标、意义等，以及它们如何激励你作出努力。

这六层思维，从下到上，越来越抽象、越来越深刻、越来越核心，也越来越难以改变。它们相互影响、相互制约，构成了个人的思维系统。

1.六个逻辑思维层次之间的关系

上三层决定下三层。上三层与下三层的关系就像物体和物体的影子，若改变物体，影子必然发生改变。

很多投资人之所以感到迷惘，就是因为过于聚焦于下三层完成情况的好坏，很少有人会停下来对上三层做深度思考。但实际上，投资人都是由上三层引领的。

低层次的问题用高层次的思维好解决，高层次的问题却无法用低层次的思维来解决。

身份层次可以解决能力层次的问题，但反过来不行。比如，乔布斯的名言是"活着就是为改变世界"，基于他对自己身份的定位，他才会不断去创新，才会锻炼自身创新的能力。层次越低越容易改变，层次越高越难以改变。

罗伯特·迪尔茨的思维模型，就是"逻辑思维六层次"，他认为，要想在投资过程中获得成长，投资人要从内向外地改变自己的思维层次，从而改变自己的行为和结果。

爱因斯坦说过："你无法在制造问题的同一思维层次上解决这个问题。"也就是说，当问题在本层思维无解时，需要向上一层思维寻找答案。

2. 提升投资人的思维层次

其实，"逻辑思维六层次"就是成长型思维的思考方式，需要不断地由外向内寻求改变。

罗伯特·迪尔茨建议我们，可以用以下方法来提升投资人的思维层次。

如果想识别你的问题所在的思维层次，可以通过回答以下几个问题来帮助你：

a. 这个问题是由什么因素造成的？

b. 这个问题是关于什么方面的？

c. 这个问题是在什么情境下发生的？

如果想将你的思维层次提升到上一层，可以通过回答以下几个问题来帮助你：

a. 这个问题在上一层思维层次上是什么样的？

b. 这个问题在上一层思维层次上有什么影响或后果？

c. 这个问题在上一层思维层次上有什么解决方案或建议？

如果要实施你的解决方案或建议，可以通过回答以下几个问题来帮助你：

a. 这个解决方案或建议需要我做什么？

b. 这个解决方案或建议需要我改变什么？

c. 这个解决方案或建议需要我学习什么？

如果想评估你的结果或反馈，可以用以下的问题来帮助你：

a. 这个解决方案或建议是否有效？

b. 这个解决方案或建议是否有副作用或风险？

c. 这个解决方案或建议是否有改进的空间？

如果发现自己的解决方案或建议还不够完美，可以重复以上步骤，直到找到最满意的答案为止。

3. 投资人要养成成长型思维

（1）学会接受和相信。首先，投资人要接受当下的自己，不要否认自己的固定型思维模式。每个人都有一部分固定型思维模式，每个人的思维模式都是成长型和固定型的结合，首先接受现实，然后着手改变。其次，要相信，没有白白付出的努力，只要付出精力和时间，一定会有所改变。一种思维方式的养成，需要花费很长的时间，因此即使短时间内没看到明显的变化，也不要放弃。

（2）凡事试一试，不设限。很多时候，投资人感到后悔，不是因为投资了某个项目，而是因为没做某件事。固定型思维会让你给自己设限，拒绝挑战，逃避困难。有些事如果不去做，永远都很难，抱着试试看的心态，放下"没有结果"的焦虑，进行尝试，即使没做成，也对自己说："没关系，反正我试过了，不后悔。"如果做成了，那就是意外之喜。"尝试"看起来简单，却很少有投资人会踏出这一步，因为"固定思维"让他们惧怕行动、规避挑战，因为那意味着存在失败的可能性。

（3）坦然接受失败和批评，从中学习。在固定思维者眼里，在一次比赛中，没有达到自己设定的标准，或别人以为的标准，就会产生强烈的挫败感，接着开始怀疑自己的能力。面对别人的批评，他从不会思考：这个批评中到底有没有值得自己学习的地方。他们只会变得愤怒，然后把别人的批评抛之脑后。要知道，情绪总会过去，但你从中学到的东西却能日后被你一直复用。在拥有成长型思维的投资人眼里，失败是一记警钟，批评是一次不温和的建议，他们会复盘那些关键的地方，然后有所改正。

（4）专注于自己的目标。具有成长型思维的投资人，最极致的表现就是，不被过往束缚，不被情仇困扰，只专注于自己的目标。真正能成大器者，绝不输在快意恩仇，情绪没那么重要，他们只关注自己的目标。这类人有种特殊本领：遗忘。他们不会被过去的林林总总困扰，反而会放下情绪，放下纠结，因为每一个时点，对他们而言，都是一个全新的开始，这也是成长型思维的终极体现。

后　记

每一位领导者都应该掌握的"投资人思维"

出于工作的原因，我接触过很多各种各样的领导者，从投资角度出发，我发现他们都有一个共同点，即都需要关注环境，关注未来，关注经济中最活跃的人的因素。

从这个角度出发，可以将领导力发展划分为五个阶段，从领导投资自己到领导投资团队、领导投资组织，直到领导投资系统。以下就是简单介绍，供各位领导者对照和提升自己。

1. 领导投资自己

个人是领导力的基础，也是领导力的起点，而判断个人领导力，通常是看领导者对于目标、时间、知识、情绪、效能和结果等方面的投入。目标是成长的起点，成功实现自我领导的人一般都有着清晰的目标。在目标之外，他们还能根据目标分配自己的时间，建构起良好的知识体系，很好地管控个人情绪，不断提高知识效能，确保目标不断实现。而这些都是判断领导者能否自我领导的标准，所以，领导者要从这些方面不断地投资和提升自己。

2. 领导投资团队

跨过个人领导这道坎，领导者面对的问题还有：如何领导一个小规模的团队？如何选择团队成员、用好团队成员？如何激励团队成员？如何制订工作计划，把个人目标转化为团队目标？如何进行教练式辅导，保证团队良好工作氛围？团队成员存在差异，因此他们对于目标的诉求和理解也有差异，作为团队领导，需要了解这种差异并对齐大家的期望，选择不同的团队成员，区分并采取不同的方式来调动成员的积极性。而要想做到这些，需要领导者不断地学习、投资和关注。

3. 领导投资组织

到了这一层级，领导者需要关注很多部门组成的组织，制订业务规划，选拔经理人员，评估经理及下属人员绩效，带领一线经理朝着更广大的目标精进。而这些则需要领导者进行更大范围的思考：如何管理专业以外的工作，形成更高超的沟通技巧？如何协同内外部能力和资源，与更多部门进行协作？如何开展更大范围的学习，从更长远的角度看待问题？

4. 领导投资系统

到了这一阶段，领导者要将多个业务和类型的组织协同在一起，不仅要具备更加宽广的视野，还需要更强的业务观察和组合能力，以及文化和机制的构建推动能力。领导者需要花费更多的精力去发现更大的业务机会，了解各类资源的产生和使用过程，循序渐进地推动组织变革，提升各层各类人员素养，系统地培养各类领导人员，塑造文化和软实力。